LE
BONAPARTISME

CONDAMNÉ PAR L'ARMÉE

PROTESTATIONS

DES OFFICIERS FRANÇAIS INTERNÉS EN ALLEMAGNE

CONTRE LA RESTAURATION IMPÉRIALE.

PARIS

LIBRAIRIE INTERNATIONALE

A. LACROIX, VERBOECKHOVEN & Cie, Éditeurs

13, faubourg Montmartre, et 15, boulevard Montmartre

Même maison à Bruxelles, à Leipzig et à Livourne

1871

LE

BONAPARTISME

CONDAMNÉ PAR L'ARMÉE.

PARIS. — IMPRIMERIE DE E. DONNAUD

RUE CASSETTE, 9.

LE
BONAPARTISME

CONDAMNÉ PAR L'ARMÉE

PROTESTATIONS

DES OFFICIERS FRANÇAIS INTERNÉS EN ALLEMAGNE

CONTRE LA RESTAURATION IMPÉRIALE.

PARIS

LIBRAIRIE INTERNATIONALE

A. LACROIX, VERBOECKHOVEN ET Cᵉ, ÉDITEURS

15, BOULEVARD MONTMARTRE, ET 13, FAUBOURG MONTMARTRE

Même maison à Bruxelles, à Leipzig et à Livourne

1871

PRÉFACE.

« O Toulon ! c'est par toi que les oncles commencent,
» Et que finissent les neveux ! »
(Les Châtiments.)

C'est invraisemblable, et cependant c'est vrai. Le capitulard de Sedan, l'assassin et le parjure du 2 décembre, le « cher seigneur » de M. Devienne et de Mlle Marguerite Bellanger, le cousin de Pierre Bonaparte, le maître d'Emile Ollivier, le laquais de Guillaume et de Bismarck complote un nouvel attentat contre la France gisante à ses pieds.

Des complices de ce scélérat se portent candidats aux élections prochaines dans un grand nombre de départements.

Des journaux et des agents bonapartistes doivent surgir au dernier moment, s'abattre tout à coup sur les campagnes comme une pluie de sauterelles, tenter la réhabilitation de Napoléon III, et extorquer les votes des ignorants et des naïfs au moyen de mensonges éhontés et de fourberies indignes.

Non, il est impossible qu'en présence des ruines et des deuils accumulés par la faute de ce fléau de la France ; il est impossible qu'il y ait dans le cœur d'un seul Français d'autre sentiment pour lui que celui du mépris et de l'horreur.

Les Puissances étrangères ayant résolu d'un commun

accord de remettre aux mains de la justice française tout Français, quel qu'il soit, reconnu coupable de crimes de droit commun, nous devons donc nous attendre à revoir Napoléon III en France. Mais alors il sera accompagné de gendarmes chargés de le traîner sur les bancs de la cour d'assises; car Napoléon III est un voleur et un assassin. Pour ne citer qu'un de ses crimes, rappelons que l'on a acquis la preuve qu'il détournait à son profit une partie du budget voté par le Corps législatif pour le département de la guerre.

Si une consolation pouvait être apportée aux douleurs qui accablent notre pauvre France, il faudrait la trouver dans la mort du bonapartisme : l'armée française vient de lui donner le coup de grâce.

INTRODUCTION.

Nous avons eu peu de détails à Paris sur les intrigues du Bonapartisme pendant le siége. On ignore généralement qu'un journal fut créé à Bruxelles pour soutenir la détestable cause de l'empire, et organiser parmi les officiers prisonniers une sorte de propagande.

Indignés d'une telle tentative, ceux-ci, au nombre de près de quatre mille, s'adressèrent à *l'Indépendance belge* pour protester énergiquement contre les insinuations du journal en question, *le Drapeau*, qui les représentait comme prêts à seconder une restauration bonapartiste. Les auteurs de ces protestations collectives ou individuelles, en demandèrent instamment l'insertion à *l'Indépendance* qui, malgré certaines difficultés de toutes sortes, consentit à poursuivre cette longue et importante publication. Nous la reproduisons d'après elle.

Voici les quelques lignes dont *l'Indépendance* faisait précéder les protestations de ses correspondants :

Il se publie à Bruxelles un journal dont nous avons eu occasion de dire quelques mots, et dont le but avoué est de pousser à la restauration de l'empire, et d'associer à ce projet les officiers et soldats français internés en Allemagne. Nous avons nommé *le Drapeau*, qui a pour rédacteur en chef M. Granier de Cassagnac. *Le Drapeau* est envoyé par masse et gratuitement à tous les prisonniers français. Il est intéressant de savoir quel accueil il en a reçu.

Chaque jour, nous recevons une foule de lettres qui montrent que M. Granier de Cassagnac s'est complétement trompé, et que sa propagande bonapartiste n'obtient aucun succès. *Le Drapeau* de l'impérialisme n'a décidément plus rien de commun avec le drapeau de la France, et l'armée française refuse de s'y rallier.

Nous tenons à mettre sous les yeux de nos lecteurs quelques échantillons de ces lettres, qui nous viennent d'Allemagne depuis l'apparition du *Drapeau*, et son envoi gratuit aux prisonniers de guerre.

———————

Dans son numéro du 30 décembre 1870, *l'Indépendance* publiait la dernière liste de protestations, qu'elle faisait précéder de cet intéressant avis :

Nous publions aujourd'hui notre dernière liste de protestations contre les projets de restauration bonapartiste et les tendances du *Drapeau*. Les listes qui ont paru dans nos colonnes contenaient plus de TROIS MILLE signatures d'officiers français internés en Allemagne. Ce chiffre, déjà si considérable, eût été de beaucoup dépassé ; mais il résulte de différentes lettres qui nous sont adressées par des officiers français que désormais il est interdit aux prisonniers de guerre de donner leur adhésion aux protestations que nous avons accueillies, et de nous envoyer leurs signatures. Les commandants de place ont notifié cette interdiction aux officiers internés. Les lettres que nous recevons à ce sujet reflètent la plus vive indignation. Nous croyons agir dans l'intérêt des officiers qui nous les envoient, en nous abstenant de les insérer. Leur publication pourrait exposer nos correspondants à des rigueurs plus pénibles encore que celles dont ils se plaignent dans ces lettres mêmes. Le nombre des protestations que nous avons publiées est d'ailleurs assez res-

pectable. Il suffit à dégager l'armée prisonnière des odieux soupçons qu'on avait essayé de faire peser sur elle. Il suffit à con-
vaincre de l'inanité de leurs coupables espérances ceux qui comp-
taient sur elle pour entreprendre la restauration du régime impérial.
Les officiers prisonniers, d'accord avec le sentiment de la nation
française, répudient comme un déshonneur toute participation au
rétablissement d'un régime qui a mené leur patrie à l'abîme, et
s'il en est qui ne sont pas éloignés d'y souscrire, nous constatons
qu'ils n'ont pas osé se faire connaître. En présence du nombre immense de protestations qui nous sont parvenues, en présence de la
mesure qu'on vient de prendre en Allemagne et qui seule empêche
ce nombre de s'accroître et de s'étendre même à l'armée tout entière, sauf quelques exceptions d'ailleurs prévues, nous pouvons dire
que c'en est fait du rêve de la restauration bonapartiste. Nous avons
aidé à dissiper cette illusion, ce cauchemar. Ceux-là même qui se
flattaient de réaliser pareille impossibilité doivent être aujourd'hui
complétement désabusés. Ceux qui ont pu craindre le succès des intrigues et des manœuvres de tout genre ourdies par les créatures du
régime déchu, doivent être rassurés. Nous avons le droit de considérer notre but comme atteint, notre tâche comme remplie.

ERRATA.

—

Dans la protestation de Coblence, datée du 9 décembre, il a été imprimé Rieu, cap. au 75e de ligne; il faut lire : Rey, cap. au 95e de ligne.

Dans la protestation Hambourg-Altona, datée du 2 décembre, il a été imprimé Legrand, de Sonthoinax et H. Houissec; il faut lire Leynaud, offic. d'administration de l'intendance ; Sonthonax, s.-lt. au 66e de ligne, et H. Janisset, c. d'esc. de gendarmerie.

Dans la liste d'Erfurth, au lieu de d'Haricourt, lisez d'Harcourt, cap. d'état-major.

Dans les listes de Hambourg il a été imprimé Dumon, Miéris et Garaud; il faut lire : Drevon, cap. au 1er volt. de la garde; Michel, c. de b. au 1er grenadiers de la garde; Féraud, comm. du génie.

La liste des officiers ayant signé la protestation, datée de Brême, doit être ainsi rectifiée :

Caillo, Niox, Rondeau et Martener, cap. d'état-major.
Belin de Roincé et Le Bouteillier, cap. d'artillerie de l'ex-garde.
Maric et Magron, lts. d'artillerie de la garde.
Constant, cap. d'art. de la garde.
Marie, élève de l'école d'application.

Andreau, cap. au 1er rég. du génie.
Haffen, Picquet, Desbordes, Benoit, Compagnon, Dalstein, Chabal, Compas et Guers, lts. au 1er rég. du génie.
De Baillard du Lys et Wilmet, lts. au 3e rég. du génie.
Lambert et Camet, lts. au 18e d'art.

Dendeleux et Bernard, cap. adj.-maj. au 3ᵉ grenadiers de l'ex-garde.
Denise et Rivière, cap. aux chass. à cheval de l'ex-garde.
Droulin (Stanislas) et Réméré, lts. aux chass. à cheval de l'ex-garde.
Wiart, vét. au 3ᵉ rég. d'artillerie.
Ceragioli, lt. aux zouaves de l'ex-garde.
Chevalier, lt. au 14ᵉ de ligne.
Fallot, Richez et Desancières, lt. aux carabiniers.
Droulin (Xavier), s.-lt. au 67ᵉ de ligne.
Rouvray, lt. au 2ᵉ chass. à cheval.

Petit, s.-lt. au 2ᵉ chass. à cheval.
Massias et Jaudon, cap. au 2ᵉ grenadiers de l'ex-garde.
Boismard et Detalle, lts. au 2ᵉ grenadiers de l'ex-garde.
Pozzo-di-Borgo, cap. adj-major au 70ᵉ de ligne.
Lamm, s.-lt. aux chass. à pied de l'ex-garde.
Forgues, s.-lt. au 2ᵉ grenadiers de l'ex-garde.
Pourtois, lt. au 2ᵉ gren. de l'ex-garde.
Pallix, s.-lt. au 2ᵉ gren. de l'ex-garde.
Le Blanc, Gieules, Péronnet, Michel, s.-lts. au 1ᵉʳ voltigeurs de l'ex-garde.

SIGNES D'ABRÉVIATIONS.

S.-lt. signifie sous-lieutenant; lt., lieutenant; cap., capitaine; adj., adjudant; c. de b., chef de bataillon; lt.-col., lieutenant-colonel; col., colonel; g., garde; mob., mobile; volt., voltigeurs; tiraill., tirailleurs; art., artillerie; chass., chasseurs; ét.-m., état-major; gren., grenadiers.

LE
BONAPARTISME
CONDAMNÉ PAR L'ARMÉE.

PROTESTATIONS

DES OFFICIERS FRANÇAIS INTERNÉS EN ALLEMAGNE

CONTRE LA RESTAURATION IMPÉRIALE.

BAD-NAUHEIM.

« Bad-Nauheim, 15 décembre 1870.

» Déjà beaucoup de nos camarades ont eu recours à votre obligeance pour vous prier d'insérer une protestation qui est dans l'esprit de tous et à laquelle les soussignés s'associent de cœur et d'âme. »

. . . .
. . . .

Delatte, lt.-col., 17e d'artillerie.	*Maurin*, s.-lt., 1er tiraill.
Vidal, c., de b., 91e de ligne.	*Pognard*, lt., 1er tiraill.
Lacombe, c., 73e de ligne.	*Maitrot*, s.-lt., 18e de ligne.
De la Guette, c., 64e de ligne.	*Gaillot*, s.-lt., 96e de ligne.
Sturralde, c., 33e de ligne.	*Rocher*, c., 18e de ligne.
Cucu, vétérinaire, 5e chasseurs.	

BENDORF.

« Bendorf (près Coblence), 17 décembre.

» *A M. le rédacteur en chef de* L'INDÉPENDANCE.

• Ne pas adhérer hautement aux protestations publiées par *l'Indépendance*, serait donner aux fauteurs de propagande

1

bonapartiste le bénéfice de notre silence et entretenir leurs illusions.

» Prisonniers de guerre, nous suivons, avec le sentiment douloureux de notre inutilité présente, les énergiques efforts des hommes qui se consacrent à la défense de la patrie. Là sont nos sympathies et nos vœux.

» Quant à ceux qui comptent sur les malheurs de la France pour lui imposer un gouvernement qu'elle seule a le droit de choisir, ils ne nous auront pas pour complices. »

Marion, col., 6e d'artillerie.
Maganza, Séjourné, Astier. c. de b., 28e de ligne.
Coudre, c. de b., 9e de ligne.
Bobillier, Dumord, cap. d'ét.-m.
Pepin, c., 16e d'artillerie.
Patillon, c. 16e d'artillerie.

Perrin, Adam, cap. 69e de ligne.
Kioffer, c., 95e de ligne.
Gaillot, lt., 16e d'artillerie.
Klein. 16e d'artillerie.
Le Leurch, lt., 69e de ligne.
Drouet, s.-lt. 69e de ligne.

BONN.

« Bonn, 10 décembre.

» *A M. le rédacteur en chef de* L'INDÉPENDANCE.

» Permettez-nous d'appeler votre attention sur les faits suivants :

» A la suite de la capitulation de Metz, la plupart des commandants de corps d'armée, au lieu de se rendre à Wilhelmshœhe, leur résidence naturelle, ont été répartis, par l'ordre du roi Guillaume, dans les différentes villes d'Allemagne, les uns à Mayence, les autres à Bonn ou à Cologne.

» Quelque temps après, les officiers de toutes armes, depuis le grade de capitaine jusqu'à celui de général de division, commençaient à recevoir gratis les numéros d'un journal récemment créé, dont vous avez flétri les tendances antinationales et qu'un sentiment de pudeur nous empêche de nommer. Malgré les réclamations de beaucoup d'entre nous, cet injurieux envoi n'a pas cessé, et la poste prussienne continue à nous apporter chaque jour un énorme ballot de cette marchandise.

» Enfin, depuis quelques jours, un monsieur décoré et bien mis circule dans Bonn et va de cercles en cercles. Les uns disent que c'est un ancien diplomate, les autres que c'est un négociant retiré des affaires, mais personne ne connaît exactement sa provenance, et l'on se demande, quand les Français qui voyagent en Allemagne sont considérés comme espions, par quelle faveur spéciale et par quelle intervention toute-puissante ce monsieur a pu obtenir un sauf-conduit.

» En rapprochant ces faits, il nous a paru, monsieur le rédacteur en chef, qu'ils n'étaient pas — les deux derniers surtout — sans avoir quelque part aux menées dont votre correspondant de Londres accuse le parti bonapartiste, et nous avons pensé qu'il ne serait peut-être pas sans utilité de les porter à la connaissance du public.

» Victimes de l'impéritie ou réduits par la trahison à l'impuissance, nous voulons du moins, autant qu'il est en nous, faire acte de patriotisme, en protestant avec indignation contre les manœuvres employées pour discréditer dans l'armée les hommes au cœur fort qui ont entrepris de sauver le pays et pour préparer par l'invective et la calomnie une restauration qui serait une guerre civile.

» Nous pouvons être divisés d'opinions, mais en ce moment, nous appartenons tous au parti de la défense nationale, et quand nous reprendrons notre épée, ce sera pour faire respecter les décisions du suffrage universel.

» Agréez, monsieur le rédacteur en chef, etc. »

Martin, col. du 6e cuirassiers.
Pétiet, lt.-col. du 6e cuirassiers.
Dardier, lt.-col. du 20e de ligne.
Gillet, lt.-col. du 3e de ligne.
Rollin, c. d'esc. au 7e cuirassiers.
Caillot, c. de b. au 76e de ligne.
Esselin, c. d'esc. au 4e lanciers.
Orsini, c. de b. au 24e de ligne.
De Brauneck, c. de b. au 76e de lig.
Cheny de Bellecouche, cap. au 58e de ligne.
Manceau, cap. au 93e de ligne.
Godelier, cap. d'ét.-m.
Davoine, lt. au 3e tiraill. algériens.
Kussler, lt. au 93e de ligne.
Francès, lt. au 58e de ligne.
Martin, s.-lt. au 58e de ligne.
Charles, s.-lt. au 1er gren. de la g.

BRÊME.

« Brême, 10 décembre 1870.

» *A M. le rédacteur en chef de* L'INDÉPENDANCE.

» J'ai l'honneur de vous faire parvenir une protestation signée par la majeure partie des officiers internés à Brême.

» Nous avons recours à votre obligeance pour la livrer à
la publicité.

» Recevez, monsieur le rédacteur en chef, etc.

» Signé : CHABAL, lieutenant du génie. »

(Suit le texte de la protestation, datée le 2, de Magdebourg,
gratifiant d'*illusion et de calomnie* l'intention prêtée à l'armée
de rétablir l'empire.) — Voir page 42.

Compas.	Michel.
Chapal.	Bernard.
Dandeleux.	Droulin.
Roulin.	G. Maric.
M. Arcau.	Delalle.
N. Relin.	Pourlois.
Baillard.	Panis.
Hascin.	Peconnet.
Céraziol.	Friquet.
H. de Piquet.	Pozzo di Borgo.
L. Mané.	Gelin.
De Roinier.	Rivière.
Magron.	Saumelin.
Herme.	Human.
Debordes.	Boismar.
Roudot.	Denis.
P. Petit.	Faure.
Robert.	

(Dans cette liste portant 51 signatures, sans désignation de grades —
nous n'avons pu déchiffrer que les 35 qui précèdent, et encore il nous
est impossible de répondre de l'orthographe des noms.) (1).

« Brême, 16 décembre 1870.

» *A M. le rédacteur en chef de* L'INDÉPENDANCE.

» Il ne nous convient pas de faire de déclaration politique, nous affirmons seulement notre dévouement à la
France et nos sympathies pour l'énergique et sublime résistance de notre pays. Trahis par la fortune et condamnés
à l'inaction, nous envoyons un souvenir et un encouragement à ceux qui, plus heureux que nous, peuvent encore
défendre le sol de la patrie.

» Nous ne pouvons avoir rien de commun, quoi qu'ils en
disent, avec ceux qui, dans un intérêt dynastique nullement
déguisé, semblent applaudir au courage des jeunes armées
de la France, tandis que, d'un autre côté, par leurs écrits

(1) Note de l'*Indépendance.*

quotidiens, ils cherchent à briser leur vigueur en leur enlevant l'espoir du succès et s'efforcent de paralyser l'action des hommes dont l'énergique patriotisme a su organiser la défense » . . . .

. . . .

Pozzo di Borgo, cap., 70e de ligne.
Martner, cap. d'ét.-m.
Rondot, cap. d'ét.-m.
Chabal, lt. au 1er de génie.
Jaudon, cap. 2e de grenadiers.
Compa, lt. au 1er génie.
Andréau, cap. du génie.
Sousselier, lt. au 2e grenadiers.
Pucquet, lt. au génie.
Compagnon, au 1er génie.
Coragioli, lt. aux zouaves de l'ex-g.
Réméré, lt. des chassseurs de l'ex-g.
Bauret, s.-lt. au 13e d'artillerie
Forgues, s.-lt. de la g. mobile du Gers.
Robert, lt. au 1er génie.
G. *Biourd*, s.-lt. de la g. mobile de la Seine.
De Baillard, lt. au 3e génie.
Gaugain, lt. des chasseurs à cheval.
Richez, lt. de carabiniers.

Fallot, lt. de carabiniers.
Benoit, lt. au 1er génie.
Guers, s.-lt., 1er génie.
Haffen, lt., 1er génie.
Pallix, s.-lt.; 2e grenadiers.
Boulicch, cap., 2e grenadiers.
Lamm, s.-lt., chasseurs à pied.
Lambert, s.-lt., 18e d'artillerie.
Droulin, s.-lt., 67e de ligne.
Viar, vétérinaire, 19e d'artillerie.
Perronnet, s.-lt., 1er voltigeurs.
Denise, cap. de chasseurs à cheval.
Bernard, cap. adjud.-m., 3e gren.
Gleubs, s.-lt., 1er voltigeurs.
Le Blanc, s.-lt., 1er voltigeurs.
Magron, lt. d'artillerie.
Debordes, lt. du génie.
Dendeleux, cap., 3e grenadiers.
Droulin, lt. chasseurs.

BRESLAU

« Breslau, 25 novembre 1870.

» En présence des *odieuses prétentions du parti bonapartiste*, nous avons cru de notre devoir de sortir de la réserve dans laquelle nous étions restés jusqu'à ce jour pour protester de toutes nos forces contre les calomnieuses insinuations des conspirateurs de Wilhemshœhe. Nos cœurs et nos bras sont à la France, et nous considérons comme un crime toute tentative qui aurait pour but de faire violence à sa volonté souveraine.

» Nous espérons, monsieur le rédacteur en chef, que vous voudrez bien donner à l'adresse qui suit la plus grande publicité possible, en l'insérant dans votre journal.

» Nous espérons aussi que notre cri d'indignation sera entendu par nos frères d'armes prisonniers en Allemagne, et que, comme nous, ils assureront notre chère patrie de leur dévouement. »

(Suit le texte de la protestation datée, le 2, de Magdebourg.) — Voir page 42.

Du Chapron du Pavillon, cap. adjud.-m. au 14e de ligne.

Enfer, cap. adjud.-m. au 14e de lig.

Azemard, cap. au 14e de ligne.

Labat, cap. au 14e de ligne.

Favier, cap. au 14e de ligne.

Audemard, cap. au 14e de ligne.

Danède, lt. au 14e de ligne.

Saingeot, lt. au 14e de ligne.

Chartier, s.-lt. au 14e de ligne.

Meunier, s.-lt. au 14e de ligne.

Lefebvre, s.-lt. au 14e de ligne.

Collet, s.-lt. au 14e de ligne.

Lhénillet, s.-lt. au 14e de ligne.

Prévost, s.-lt. au 14e de ligne.

Fournié, lt. au 14e de ligne.

Labat, lt. au 14e de ligne.

Swiney, lt. au 14e de ligne.

Bessières, lt. au 14e de ligne.

Vaudrey, lt. 8e au de ligne.

Biguet, s.-lt. au 15e de ligne.

Delmas s.-lt. au 15e de ligne.

Faye, m. au 17e de ligne.

Daugran, cap. au 18e de ligne.

Dupré, cap. au 18e de ligne.

Barbier, cap. au 18e de ligne.

Perrin, cap. au 18e de ligne.

Tourneur, cap. au 18e de ligne.

Grave, lt. au 18e de ligne.

Perrot, lt. au 18e de ligne.

Roy, lt. au 18e de ligne.

Audin, lt. au 18e de ligne.

Noiret, lt. au 18e de ligne.

Pichon, lt. au 18e de ligne.

Bouller, lt. au 18e de ligne.

Chorier, s.-lt. au 18e de ligne.

A. Crave, s.-lt. au 18e de ligne.

Rothenflue, s.-lt. au 18e de ligne.

Lhoteller, s.-lt. au 18e de ligne.

Garnier, s.-lt. au 18e de ligne.

Garrac, s.-lt au 18e de ligne.

Piveteaux, s.-lt. au 18e de ligne.

Cohot Payau, lt. au 20e de ligne.

Bouzigues, lt. au 20e de ligne.

Drouhot, lt. au 20e de ligne.

Ternaux, s.-lt. au 20e de ligne.

Gamain, s.-lt. au 20e de ligne.

Rothier, c. de mus. au 20e de ligne.

Cuëf, cap. adjud.-m. au 22e de ligne.

Juin, cap. au 22e de ligne.

Bal, cap. au 22e de ligne.

Carteret, cap. au 22e de ligne.

Fleury, cap. au 22e de ligne.

Boissier, cap. au 22e de ligne.

Quinet, cap. au 22e de ligne.

Sohier, lt. au 22e de ligne.

Le Bouedec, lt. au 22e de ligne.

Boscals de Réals, lt. au 22e de ligne.

De Ramel, lt. au 22e de ligne.

Lurguie, lt. au 22e de ligne.

Gauthier, lt. au 22e de ligne.

Lavaulte, lt. au 22e de ligne.

Rochaz, lt. au 22e de ligne.

Dubiau, lt. au 22e de ligne.

Dascous, s.-lt. au 22e de ligne.

Pollin, s.-lt. au 22e de ligne.

Sécail, s.-lt. au 22e de ligne.

Blanchas, s.-lt. au 22e de ligne.

Sicard, s.-lt. au 22e de ligne.

Abes, s.-lt. au 22e de ligne.

Claverie, s.-lt. au 22e de ligne.

Gatelier, s.-lt. au 31e de ligne.

Fonsard, s.-lt. au 31e de ligne.

Récamier, cap. adj.-m. au 36e de lig.

Terrin, cap. au 36e de ligne.

Genret, cap. au 36e de ligne.

Besancenot, cap. au 36e de ligne.

Goudot, cap. au 36e de ligne.

Lefèvre, lt. au 36e de ligne.

Guiraud, lt. au 36e de ligne.

De Guise, lt. au 36e de ligne.

Lauly, lt. au 36e de ligne

Josserand, s.-lt. au 36e de ligne.

Cadaux, s.-lt. au 36e de ligne.

Theilley, s.-lt. au 36e de ligne.

Gally, s.-lt. au 36 de ligne.

Guirod, s.-lt. au 36e de ligne.

Cathalan, s.-lt. au 36e de ligne.

Henry, cap. au 37e de ligne.

Remond, cap. au 37e de ligne.

Jobard, cap. au 37e de ligne.

Caillard, cap. adj.-m. au 37e de lig.

Falifié, lt. adj.-m. au 37e de ligne.

Jaquin, lt. adj.-m. au 37e de ligne.

Bailly, lt. adj.-m au 37e de ligne.

Adriani, lt. adj.-m. au 37e de ligne.

Casteran, lt. adj.-m. au 37e de ligne.

Gigon, cap. au 48e de ligne.

Lhéritier, cap. adj.-m. au 49e de lig.

Brunet, cap au 49e de ligne.

Bellanger, cap. au 49e de ligne.

Peyri, cap. au 49e de ligne.

Carincard, lt. au 49e de ligne.
De la Messelière, lt. au 49e de ligne.
Lamay, lt. au 49e de ligne.
Lemoigne, lt. au 49e de ligne.
Thouvenel, s.-lt. au 49e de ligne.
Gile, s.-lt. au 49e de ligne.
Sibiard, s.-lt. au 49e de ligne.
Boussard, s.-lt. au 49e de ligne.
Bosquet, s.-lt. au 50e de ligne.
Picard, c. de m. au 50e de ligne.
Dubois, cap. au 52e de ligne.
Majouls, cap. au 52e de ligne.
Anthony, lt. au 52e de ligne.
Morin, lt. au 52e de ligne.
Terrilleur, lt. au 52e de ligne.
Moret, s.-lt. au 52e de ligne.
Laboullaye, s.-lt. au 52e de ligne.
Boutran-Damasy, s.-lt. au 52e de lig.
Cousin, lt. au 53e de ligne.
Mathieu, lt. au 53e de ligne.
Scagliola, lt. au 53 de ligne.
Malloire, s.-lt. au 53e de ligne.
Baumann. s.-lt. au 53e de ligne.
Lambin, s.-lt. au 53e de ligne.
Lagrange de Labaudie, lt. au 58e de l.
Molinard, lt. au 58e de ligne.
Steib, s.-lt. au 58e de ligne.
Leyrit, s.-lt. au 58e de ligne.
Tranchard, cap. au 61e de ligne.
Alliez, cap. au 78e de ligne.
Girod, cap. au 78e de ligne.
Dombiort, lt. au 78e de ligne.
Charpentier, s.-lt. au 78e de ligne.
Nouël de Kerangué, s.-lt. au 78e de l.
Roussel, lt. au 83e de ligne.
Dulac, lt. au 83e de ligne.
Braive, lt. au 83e de ligne.
O. Goman, lt. au 83e de ligne.
Lebel, s.-lt. au 83e de ligne.
Dieudonné, s.-lt. au 83e de ligne.
Janet, s.-lt. au 83e de ligne.
Capeille, s.-lt. au 83e de ligne.
Boize, s.-lt. au 83e de ligne.
Frison. s.-lt. au 83e de ligne.
Henry, s.-lt. au 83e de ligne.
Carcassonne, s.-lt. au 83e de ligne.
Ramonet, s.-lt. au 83e de ligne.
Lezardeux, s.-lt. au 83e de ligne.
Grosmaitre. cap. adj.-m. au 68e de l.
Cormier, lt. au 96e de ligne.
Gaumas, s.-lt. au 96e de ligne.
Deleuze, cap. au 99e de ligne.
Háye, lt. au 99e de ligne.
Galey, cap. au 4e b. de chass. à pied.
Fux, cap. au 13e de chass. à pied.

Belot, cap. au 13e b. de chass. à pied.
Maury, lt. au 16e b. de chass. à pied.
Colomb, lt. au 16e b. de chass. à pied.
Beillet, lt. au 1er rég. de zouaves.
Badier, lt. au 1er rég. de zouaves.
Brière, lt. au 1er rég. de zouaves.
Berger, lt. au 1er rég. de zouaves.
Mezeau, lt. au 1er rég. de zouaves.
Simon, lt. au 1er rég. de zouaves.
Courtois, s.-lt. au 1er rég. de zouaves.
Drouint, s.-lt. au 1er rég. de zouaves.
Sauvageot, s.-lt. au 1er rég. de zouaves.
Laisné, s.-lt. au 1er rég. de zouaves.
Ober, s.-lt. au 1er rég. de zouaves.
Bonnet, s.-lt. au 1er rég. de zouaves.
Duret, s.-lt. au 1er rég. de zouaves.
Fournier, s.-lt. au 1er rég. de zouaves.
La Rivière, s.-lt. au 1er r. de zouaves.
De la Raitrie, lt. au 2e r. de zouaves.
Blondeau, s.-lt. au 2e rég. de zouaves.
Rostang, s.-lt. au 2e rég. de zouaves.
Marc, s.-lt. au 2e rég. de zouaves.
De Ponthon, s.-lt. au 2e r. de zouaves.
Stefani, s.-lt. au 2e rég. de zouaves.
Thuillier, lt. au 1er rég. de tiraill.
  indigènes.
Bodichon, s.-lt. au 1er rég. de tiraill.
Walter, s.-lt. au 1er r. de tiraill. indig.
Balbon, s.-lt. au 1er r. de tiraill. indig.
Lamy, cap. au 2e r. de tiraill. indig.
Chanteaux, lt. au 2e r. de tiraill. ind.
Bernard, lt. au 3e r. de tiraill. indig.
De la Roche-Aymond, s.-lt. aux guides.
Fleury, cap. au 5e de hussards.
Villemod. cap. adj.-m. au 5e de huss.
Rat, s.-lt. au 8e chasseurs.
De Toustain, s.-lt. aux chass. d'Afriq.
Renaud, lt. au 4e cuirassiers.
Ginter, lt. au 3e cuirassiers.
Legrain, s.-lt. au 4e cuirassiers.
de Giverdey, s.-lt. au 4e cuirassiers.
Grau, s.-lt. au 4e cuirassiers.
Evrard, s.-lt. au 4e cuirassiers.
Freund, s.-lt. au 4e cuirassiers.
Benoit, lt. au 8e cuirassiers.
Desmousseaux de Givré, s.-lt. au
  9e cuirassiers.
Mouron, cap. d'ét.-m. d'artillerie.
Majorelle, lt. au 20e rég. d'artillerie.
Courtès, lt. au 10e rég. d'artillerie.
Jullien, lt. au 10e rég. d'artillerie.
Ribert, lt. au 10e rég. d'artillerie.
Saget, lt. au 10e rég. d'artillerie.
de Givré, lt. au 10e rég. d'artillerie.
R. du Holgouët, lt. au 10e r. d'artillerie.

Gibouin, cap. au 2ᵉ rég. d'artillerie.
Chassant, lt. au 1ᵉʳ r. d'inf. de marine.
Rozet, s.-lt. au 1ᵉʳ r. d'inf. de marine.
Jacquenet, s.-lt. au 1ᵉʳ rég. d'inf. de marine.
de Vansay, s.-l. au 1ᵉʳ rég. d'inf. de marine.
de Valmont, s.-lt. au 2ᵉ rég. d'inf. de marine.
Vincent, s.-lt. au 2ᵉ rég. d'inf. de marine.
De Coëhon, cap. de la g. mob. du Bas-Rhin.
Boëll, cap. de la g. mob. du Bas-Rhin.
De Cambolero, lt. de la g. mob. du Bas-Rhin.
Sommervogel, lt. de la g. mob. du Bas-Rhin.
Jaegli, lt. de la g. mob. du Bas-Rhin.
Joachim, lt. de la g. mob. du Bas-Rhin.
Sido, lt. de la g. mob. du Bas-Rhin.
Challin, lt. de la g. mob. du Bas-Rhin.
Walter, s.-lt. de la g. mob. du Bas-Rhin.
Schomann, s.-lt. de la g. mob. du Bas-Rhin.
Forget, s.-lt. de la g. mob. du Bas-Rhin.
Audiauers, s.-lt. de la g. mob. du Bas-Rhin.

Lerrault, s.-lt. de la g. mob. du Bas-Rhin.
Reynders, s.-lt. de la g. mob. du Bas-Rhin.
Sauret, s.-lt. de la g. mob. du Bas-Rhin.
Perron, s.-lt. de la g. mob. du Bas-Rhin.
Jaunaux, lt. de la g. mob. de la Marne.
Nollant, s.-lt. de la g. mob. de la Marne.
De Thélin, s.-lt. de la g. mob. de la Marne.
Rodinot, s.-lt. de la g. mob. de la Marne.
Deroulève, officier de la g. mob. de Paris.
Valin, lt. d'artillerie de la g. mob. du Bas-Rhin.
Henriot, lt. d'artillerie de la g. mob. de la Marne.
Thou, lt. au 1ᵉʳ de ligne.
Marassé, officier au 6J de ligne.
Illartein, cap. au 6J de ligne.
Bredoux, s.-lt. au 6J de ligne.
Mourliar, officier-payeur.
Billot, officier d'administration.
Porterie, *Desmier*, *Daniel*, s.-lts. au 11ᵉ de ligne.

« Breslau, 3 décembre 1870.

» *A M. le rédacteur en chef de* L'INDÉPENDANCE.

» J'ai l'honneur d'avoir recours à votre excessive obligeance pour vous prier de vouloir bien faire parvenir les quelques lignes suivantes à M. le rédacteur en chef du nouveau journal le *Drapeau* dont on nous *inonde gratuitement* depuis trois jours.

» Je ne puis savoir le nom du chef de cette propagande, puisqu'il ne se trouve pas sur le *Drapeau* dont aucun des articles n'est signé du reste.

» Ce journal est *très-généralement* fort mal reçu ici par nous tous. Pour ma part, je tiens essentiellement à ne plus le recevoir.

» Veuillez agréer, etc.

» RAOUL DE CORNULIER-LUCINIER,
» Capitaine au 14ᵉ de ligne, prisonnier de guerre à Breslau. »

Voici maintenant la lettre qu'accompagnait le billet qu'on vient de lire :

« Breslau (Silésie), 4 décembre 1870.

» A M. *le rédacteur en chef du journal* LE DRAPEAU.

» Monsieur le rédacteur en chef,

» J'ai l'honneur de vous remercier de m'avoir adressé trois exemplaires de votre journal *le Drapeau*. Mais ne partageant en aucune façon les idées que sa rédaction cherche à répandre, je vous prie de cesser désormais tout envoi de ce genre à mon adresse.

» Je ne puis concevoir comment un *journal français,* qui prétend s'adresser à l'armée prisonnière, ose ouvertement accuser le *général Trochu d'avoir trahi la France.*

» Vous n'avez aucune chance de succès auprès de notre malheureuse armée, permettez-moi de vous le dire, si vous persistez à répandre des idées qui nous blessent tous et qu'aucun de nous ne partage.

» Livré à ses propres moyens, privé de toutes ressources, au moment où l'opinion gémissait au sujet de la honteuse capitulation de Sedan, le général Trochu a su armer Paris, en rendre les abords terribles à nos ennemis, y former une armée et y organiser magnifiquement la défense qui fait de Paris un boulevard imprenable.

» *Les traîtres* d'ordinaire n'agissent pas de cette façon.

» Quant au feuilleton du journal *le Drapeau*, il donne, il est vrai, fort exactement les dates précises des déplacements du quartier général.

» Mais pourquoi n'ajoute-t-il pas que les 30 et 31 août, nous n'avons reçu aucune distribution et que le 1er septembre au soir, il y avait *trois* jours que nous ne recevions ni pain, ni viande, ni café, ni biscuit. Dans la retraite du 31 août de Mouzon sur Sedan, nous avons employé 12 heures consécutives pour faire 18 kilomètres (de minuit à midi) ; bien entendu sans avoir une minute pour que le soldat se reposât. Or, nous savons tous qu'il est plus fatigant de marcher pendant 12 heures au *pas de procession,* que de marcher le même temps en faisant 10 lieues. Quand l'empereur s'est-il montré à l'armée ? *Jamais.* Personne, dans tout le 12e corps, ne l'a aperçu le jour de Sedan.

» Si jamais il a fallu lutter de vitesse avec un ennemi dont l'activité était merveilleuse, c'est bien dans cette campagne ! mais au lieu de cela, nous n'avancions pas, et nous perdions à plaisir notre temps.

» Toutes ces idées ne sont pas, je le sais, dans le sens de votre propagande, mais elles n'en sont pas moins vraies cependant ; aussi je doute beaucoup qu'elles aient quelque chance d'être accueillies par la rédaction du *Drapeau*.

» Veuillez agréer, monsieur le rédacteur en chef, l'assurance de ma considération.

» RAOUL DE CORNULIER-LUCINIER,
» Capitaine au 14ᵉ de ligne, prisonnier de guerre à Breslau. »

COBLENCE.

« Coblence, 9 décembre 1870.

» *A M. le rédacteur en chef de* L'INDÉPENDANCE.

» Les soussignés, officiers français internés à Coblence, n'ont pas encore reçu d'exemplaires du journal *le Drapeau* comme leurs camarades des autres villes d'Allemagne, mais s'attendant à être tôt ou tard l'objet d'une attention analogue de la part de la rédaction de cette feuille bonapartiste, ils éprouvent le besoin de protester d'avance et hautement contre la qualification de traîtres donnée par ce journal aux héroïques et derniers défenseurs de notre patrie. » . . .

Lang, cap. des francs-tireurs de la Meurthe.
Perotte, Deslandes, Grosset, Henry, lts. au 2ᵉ de ligne.
Molins, s.-lt. au 2ᵉ de ligne.
Forest, cap. au 2ᵉ de ligne.
Bourin, cap., 12ᵉ chasseurs à cheval.
Jourdain, lt., 20ᵉ de ligne.
Pamelard, lt., 59ᵉ de ligne.
Medus, lt., 2ᵉ de ligne.
Frogé, lt., 24ᵉ de ligne.
Clanet, lt., 59ᵉ de ligne.
Herckert, s. lt, 2ᵉ de ligne.

Cellier, lt., 24ᵉ de ligne.
Morin, s.-lt., 59ᵉ de ligne.
De Longon, s.-lt., 2ᵉ de ligne.
Baldenweck, s.-lt., 1ᵉʳ génie.
Paysan, cap., 59ᵉ de ligne.
Vagnair, cap. de la mobile.
De Vaulx d'Achy, cap. de la mobile.
Doppfer, cap. de la mobile.
Bena, s.-lt. de la mobile.
François, s.-lt, de la mobile.
Gaudry, lt., 62ᵉ de ligne.
Crozès, lt., 86ᵉ de ligne.
Henné, cap., 44ᵉ de ligne.

Pélissier, lt., 1er génie.

Blanchard, lt. de la mobile de la Moselle.

Petibon, s.-lt., 1er génie.

Clinchard, lt., 1er génie.

Beau, s.-lt., 1er génie.

Tézénas, lt., 1er génie.

Flamant, cap. de la mobile de la Meurthe.

Porte, cap., 19e de ligne.

De Thèse, s.-lt., 12e chass. à cheval.

Guillouzie, cap., 5e hussards.

Chevalier, s.-lt., 12e chass. à cheval.

Daigney, lt., 86e de ligne.

Jacques, s.-lt., 12e chass. à cheval.

D'Aigremont, cap., 11e chass. à pied.

Senez, s.-lt., 5e hussards.

Provost, s.-lt., 5e hussards.

Gal, lt., 12e chasseurs à cheval.

Beau, cap., 7e lanciers.

Perrin, vétérinaire.

Armbruster, lt., 15e chass. à pied.

Latappy, lt., 15e chasseurs à pied.

Tusoli, lt., 15e chasseurs à pied.

Bouyer, lt., 16e chasseurs à pied.

Perrin, s.-lt., 55e de ligne.

Vouaux, cap. du génie.

Orcel, lt. d'artillerie.

Caruel, cap. du génie.

Bailly, cap. du génie.

Filhon, s.-lt. du génie.

Dubruy, lt. d'artillerie.

Lefèvre, cap., 8e dragons.

Haydacker, lt., 29e de ligne.

Moretin, lt., 7e de ligne.

Petrez, lt. de la mobile.

Espierre, s.-lt., 59e de ligne.

Dubourdeau, s.-lt., 59e de ligne.

Pazet, s.-lt. au 17e d'artillerie.

Papillon, s.-lt. au 2e dragons.

Martigny, s.-lt. au 81e de ligne.

Rousset, s.-lt. au 1er d'artillerie.

Blandinières, s.-lt. au 60e de ligne.

L'Héritier de Chazelle, s.-lt. au train.

Daniel, s.-lt. au 24e de ligne.

Catinot, s.-lt. au 60e de ligne.

Clerc, s.-lt. au 29e de ligne.

Lafont, porte-drap. au 7e de ligne.

Chiris, s.-lt. au 63e de ligne.

Felip, s.-lt. au 15e bat. de chass.

Potu, s.-lt. au 14e bat. de chass.

Perrier, s.-lt. au 7e de ligne.

Delaunay, s.-lt. au 90e de ligne.

Scheffter, s.-lt. au 90e de ligne.

Bach, s.-lt. au 7e de ligne.

Icart, officier-payeur, 44e de ligne.

Brandner, s.-lt. au 24e de ligne.

Boler, s.-lt. au 29e de ligne.

Mendes, cap. du génie.

Brunet, lt., 29e de ligne.

Alexis, s.-lt., 78e de ligne.

Jonquière, s.-lt., 59e de ligne.

Dautheuil, s.-lt., 19e bat. de chass.

Allessandri, s.-lt., 60e de ligne.

Henriot, s.-lt., 24e de ligne.

Garé, s.-l., 60e de ligne.

Contault, s.-lt., 1er du génie.

Brouland, s.-lt. au 4e bataillon de la garde mobile des Vosges.

Monnier, s.-lt., 24e de ligne.

Huin, s.-lt., 24e de ligne.

Coussand-Dullié, s.-lt., 18e de ligne.

Palliès, s.-lt., 24e de ligne.

Godfrin, s.-lt., 49e de ligne.

Doucet, s.-lt., 88e de ligne.

Begin, s.-lt., 71e de ligne.

Fournier, s.-lt., 48e de ligne.

Bordier, s.-lt., 81e de ligne.

Baronnet, s.-lt. au 1er bat. du train.

Boutèse, s.-lt., 24e de ligne.

Aubert, s.-lt., 24e de ligne.

Denjean, s-lt., 44e de ligne.

Charpentier, vét., 1re batt. du train.

Daudé, s.-lt., 24e de ligne.

Horgé, s.-lt., 24e de ligne.

Etienne, s.-lt. de la g. mobile des Vosges.

Noirot, s.-lt., 24e de ligne.

Olivier, s.-lt., 44e de ligne.

Sergent, vét., 8e d'artillerie.

Herbin, s-lt., 24e de ligne.

Bousquet, s.-lt., 95e de ligne.

Dubos, s.-lt. d'état-major.

Eavaille, s.-lt., 69e de ligne.

Boucher, s.-lt aux ouvriers constructeurs et équipages militaires.

Haiblet, vét., 5e dragons.

Fouqué, s.-lt., 95e de ligne.

Minette, vét., 17e d'artillerie.

Boutigny, lt., 80e de ligne.

Rouvier, lt., 60e de ligne.

Solva, lt., 60e de ligne.

Simonin, s.-lt., 90e de ligne.

Burguel, s.-lt., 19e de ligne.

Spitique, s.-lt., 90e de ligne.

Colombain, s.-lt., 90e de ligne.

Dassonville, ch. de mus. au 90e de ligne.

Ridet, s.-lt. au 71e de ligne.

Bourson, cap. au 24e de ligne.

Stute, lt. au 60e de ligne.
Daunis, cap. au 60e de ligne.
Ihurralde, lt. au 60e de ligne.
Voulet, s.-lt., au 60e de ligne.
Maratuel, cap. au 19e de ligne.
Parmentier, cap. au 71e de ligne.
Morvant, lt. au 71e de ligne.
Gillet, lt. au 18e de ligne.
Blaise, s.-lt. de la garde mobile.
Fourchon, lt. au 60e de ligne.
Pamel, adjudant au 63e de ligne.
Mécus, adjudant au 16e d'artillerie.
Le Guenedal, lt. au 40e de ligne.
Sarrante, s.-lt. au 40e de ligne.
Sorez, lt. au 63e de ligne.
Pasquier, lt., 46e de ligne.
Champanhel, lt., 46e de ligne.
Boutarie, s.-lt., 60e de ligne.
Dias, ch. de musique, 24e de ligne.
Arnould, adjudant, 16e d'artillerie.
Butz, adjudant, 16e d'artillerie.
Meurgey, s.-ch. de mus., 63e de lig.
Jude, s.-lt., 24e de ligne.
Nunbaun, cap. au 16e d'artillerie.
Buchinger, s.-lt. au 63e de ligne.
Maréchal, lt. au 63e de ligne.
Mesny, cap. au 59e de ligne.
Dercy, s.-lt. au 59e de ligne.
Mioche, s.-lt. au 59e de ligne.
De Selves, cap. au 85e de ligne.
Roëkel, lt. au 24e de ligne.
Eynaud de Fay, s.-lt. de g. mobile.
Roget, s.-lt., 59e de ligne.
Blanchet, lt. de la mobile.
Breton, lt., 84e de ligne.
Royer, lt., 30e de ligne.
Claudel, lt. de la mob., 4e bat. des Vosges.
Caël, lt. de la mob., 4e bat. des Vosges.
Kuntz, s.-lt. de la mob., 4e bat. des Vosges.
Demange, s.-lt. de la mob., 4e bat. des Vosges.
Sieib, lt. de la mob., 4e bat. des Vosges.
Jardel, cap., 8e de dragons.
Jardel, cap. de la mob. des Vosges, 4e bat.
Comon, cap. de la mob. des Vosges. 4e bat.
Cange, cap. au 69e de ligne.
Etienne, s.-lt. de la mob. des Vosges.
Ferry, s.-lt. de la mob. des Vosges.
Dufresne, lt. au 30e de ligne.

Roussel, cap. au 30e de ligne.
Andrieu, s.-lt., 29e de ligne.
Leroy, cap., 25e de ligne.
Lecomte, cap. de la mobile.
Delord, lt. au 19e de ligne.
Martinet, lt. au 19e de ligne.
Abadie, lt. au 19e de ligne.
Francey, cap. au 80e de ligne.
Lacroix, cap. au 44e de ligne.
Bellenger, cap. au 44e de ligne.
Capon, vét. au 1er rég. du train.
Tapie, vét. au 8e dragons.
Forge, cap. au 74e de ligne.
S monin, cap. de la garde mobile.
Haffner, comm. au 44e de ligne.
Picavel, cap. au 1er du génie.
Lemardelei, cap. au 1er du génie.
Flambard, cap. au 1er du génie.
Gache, cap. au 29e de ligne.
Bazaine, s.-lt. au 90e de ligne.
Desblanc, s.-lt. au 80e de ligne.
C. Lecomte, lt. au 1er du génie.
A. Cuny, lt. au 59e de ligne.
Dantec, lt. au 59e de ligne.
Roca, cap. au 60e de ligne.
Soubeyrand, lt. au 60e de ligne.
Ballé, s.-lt. au 60e de ligne.
Soubeyrand, s.-lt. au 66e de ligne.
Protte, lt. au 59e de ligne.
Bellocha, s.-lt. au 7e bat. de chasseurs à pied.
Jacolin, vét. au 11e d'artillerie.
Du Masclé, cap. d'artillerie.
Claudiu, lt., 15e de ligne.
Lartaud, s.-lt., 75e de ligne.
Arveuf, cap. d'artillerie.
Coye, cap., 13e de ligne.
Couriant, s.-lt., 3e de ligne.
Colonnaleca, cap., 8e de ligne.
A. Lefort, lt. 57e de ligne.
G. Pinon, lt., 57e de ligne.
Massard, s.-lt., 57e de ligne.
Maigre, s.-lt., 57e de ligne.
Lacapelle, cap. adj.-maj., 8e de lig.
Lacapelle, lt., 5e de ligne.
Brouillet, cap., 13e de ligne.
Segondy, s.-lt., 13e de ligne.
Donnève, cap., 77e de ligne.
Pellerin, lt., 8e de ligne.
De Séréville, col., 5e chasseurs.
Rebillot, ch.-d'esc. d'artillerie.
Ducasse, s.-lt., 5e chasseurs.
Brissy, vét., 5e chasseurs.
Rigaud, c. de b., 13e de ligne.
Giraudon, porte-étend., 5e chasseurs.

Claverie, s.-lt., 5e chasseurs.
Marmulot, s.-lt., 32e de ligne.
Azéma, s.-lt., 32e de ligne.
Mazeau, lt., 2e de ligne.
Guignes, s.-lt., 8e de ligne.
Nepreux, s.-lt., 84e de ligne.
G. de Ville d'Avray, lt., 84e de lig.

Migneret de Contrecourt, cap., 33e de ligne.
Havage, s.-lt., 57e de ligne.
M. Rialland, s.-lt., 12e de ligne, int. à Glogau.
Caquelin, cap., 4e bat. des Vosges.
Couty, cap. au 74e de ligne.
Steinmetz, cap. au 76e de ligne.

« Coblence, 9 décembre 1870.

» *A M. le rédacteur en chef de* L'INDÉPENDANCE.

» Les officiers français soussignés, prisonniers de guerre à Coblence, protestent d'avance de la manière la plus formelle contre toute tentative de restauration bonapartiste ou autre qui aurait pour but d'entraver la défense nationale.

» Ils déclarent, en outre, qu'ils reconnaissent le gouvernement qui défend actuellement le pays, et non *celui qui l'a livré sans défense à l'ennemi.* »

J. Dubois, major d'artillerie.
Leveillé, c. d'esc. d'artillerie.
Stiltz, cap. d'artillerie.
Zaepffel, adj.-m. au 1er d'artillerie.
A. Bernard, s.-lt. de la garde mob.
Noël, c. de b. au 29e de ligne.
.V. Mondès, cap. du génie.
Gourgeot, cap. du génie.
Fourier, c. de b. au 24e de ligne.
Le Coispellier, c. de b. du génie.
Buchniger, s.-lt. au 63e de ligne.
G. Michany, cap. d'artillerie.
J. Maréchal, lt. au 63e de ligne.
T. (illisible), offic. au 41e de ligne.
A. Roch, cap. adj.-m., au 41e de lig.
A. Béna, s.-lt. de la garde mob.
De Vaulx, cap. de la garde mob.
Ch. Da..... (illisible), cap. adj.-m. d'artillerie.

M. (illisible), s.-lt. au 51e rég. de ligne.
Rieu, cap. au 75e de ligne.
L. Servières, lt. au 95e de ligne.
Mancet, s.-lt. au 80e de ligne.
L. Marula, cap. au 63e de ligne.
Piton, s.-lt. au 63e de ligne.
Gille, s.-lt. au 63e de ligne.
Jacquillat, lt. au 95e de ligne.
Golaul, s.-lt. au 95e de ligne.
L. de Chezelles, s.-lt. au train.
Billard du Chezeau, lt. au 63e de lig.
Lecuin, cap. d'artillerie.
Ac..... (illisible), lt. d'artillerie.
Guiriau, lt. d'artillerie.
Boucheron, vétérinaire.
A. Lam, s.-lt. au 30e de ligne
Sarrazin, lt. au 30e de ligne.

« Coblence, 13 décembre 1870.

» *A. M. le rédacteur en chef de* L'INDÉPENDANCE.

» Les soussignés ont l'honneur de vous prier bien instamment de vouloir insérer leur énergique protestation contre les machinations ténébreuses de l'homme de Sedan et *contre toute espèce de restauration du gouvernement napoléonien* si honteusement tombé.

» Agréez, monsieur le rédacteur en chef, etc. »

Lamblot, cap. au 51e rég. de ligne. | *Vallet*, s.-lt. au 51e de ligne.
F. Ferrié, lt. au 51e de ligne. |

« Coblence, 15 décembre 1870.

» *A M. le rédacteur en chef de* L'INDÉPENDANCE.

» Les officiers français soussignés, prisonniers de guerre à Coblence, protestent d'avance de la manière la plus formelle contre toute tentative de restauration bonapartiste et autre qui aurait pour but d'entraver la défense nationale.

» Ils déclarent en outre reconnaître le gouvernement qui défend actuellement le pays et non celui qui l'a livré sans défense à l'ennemi. »

Mangin, lt.-col. d'artillerie.
Hürstel, c. d'esc. d'artillerie.
Panis, cap., 68e de ligne.
Mondet, cap., 68e de ligne.
Lacroix, cap., 68e de ligne.
Montrefet, lt., 49e de ligne.
Bon, ch. de musique, 40e de ligne.
Sorel, lt., 63e de ligne.
Porez, lt., 63e de ligne.
Sainaut, s.-lt., 40e de ligne.
Le Guénédal, lt., 40e de ligne.
Haeusslein, cap., garde mob. du Bas-Rhin.
Lux, cap., g. mob. du Bas-Rhin.
N. Colin, s.-l., 40e de ligne.
A. Challet, lt. au 40e de ligne.
C. Girard, l., 1er r. du train d'art.
A. Charent, s.-l., 40e de ligne.
Bouzet, s.-lt., 40e de ligne.
Méteix, s.-lt., 40e de ligne.
P. Cavanat, s.-lt., 40e de ligne.
Duplastre, s.-lt., 40e de ligne.
Lorthioy, s.-lt., 40e de ligne.

Deschamps, cap., 16e d'artillerie.
G. Nussbaum, cap., 16e d'artillerie.
Foissy, cap., 44e de ligne.
Stérenin, lt. de gendarmerie.
Proye, cap. de gendarmerie.
Belner, cap.
Lordat, cap., 60e de ligne.
Roques, cap. de place.
Brunn, cap., 60e de ligne.
Boric, lt., 60e de ligne.
Fages, cap., 74e de ligne.
Clerc, cap., 74e de ligne.
Bellenger, cap., 44e de ligne.
Barthélemy, cap. d'artillerie.
Ladarré, officier d'administration.
Barbé, cap. au 40e de ligne.
Bermède, cap. au 40e de ligne.
Chauvaud, cap. au train d'artillerie.
Jémois, lt. au 4e voltig. de la garde.
Marc, s.-lt., 89e de ligne, interné à Hambourg.
M. Jobit, cap., 10e de ligne, interné à Fribourg (Brisgau).

COLOGNE.

« Cologne, 2 décembre 1870.

» *A M. le rédacteur en chef de* L'INDÉPENDANCE.

» En présence des bruits qui tendent à représenter l'armée

française prisonnière en Allemagne, comme disposée à imposer à la France une restauration bonapartiste;

» Nous, soussignés, officiers prisonniers de guerre, internés à Cologne, protestons énergiquement contre de telles insinuations dont l'effet ne peut être que d'affaiblir la défense nationale;

» Déclarons, en outre, être de cœur avec ceux qui défendent le sol de la patrie et ne vouloir jamais et en aucun cas reconnaître d'autre gouvernement que celui qu'il conviendra à la nation de se donner.

» Agréez, monsieur le rédacteur en chef, etc. »

Dubost, gl. de brigade.
Le Masson, col. du génie.
Correnson, cap. du génie.
Sabouraud, cap. du génie.
Du Paty de Clam. col. du 2e drag.
Prévost, lt.-col. du génie.
Gallimard, lt.-col. du génie.
Brenier, cap. du génie.
Bodin, cap. du génie.
J. Philippe, cap. du génie.
Maingnon, cap. du génie.
E. Cardin, cap. du génie.
Simon, c. d'esc. au 16e d'artillerie.
Rode, lt.-col. du 40e rég. de ligne.
Berendiger, cap. du génie.
Destremant, cap. d'état-major.
Delbrek, cap. au 19e bat. de chass.
Mathon, cap. au 2e rég. de gren.
Perrin, cap. au 14e bat. de chass.
Hertzog, garde du génie.
Domin, garde du génie.
Peugnet, lt. au 2e chasseurs.
Miot, cap. d'état-m.
M. Voyes, cap. d'état-major.
Million, cap. d'artillerie.
De Lesguern, cap. au 8e chasseurs.
E. Camus, officier d'administration.
Brillet, officier d'administration;
Baillarle, officier d'administration;
Gillot, s.-lt. au 12e chas. à pied.
Jabin, lt. aux guides.
Boucher, officier d'administration.
P. Moety, lt. aux guides.
Longuaygue, offic. d'administration.
Siner, cap. du génie.
Yvos, cap. adjudant-m.
A. Mouly, officier au 4e chasseurs.
De Clérambaut, cap. au 8e chass.
C. de l'Estoile, lt. au 19e chasseurs.
Leducq, lt. au 19e chasseurs.

N. Ledru, lt. au 79e de ligne.
De Fournas - Fabrezan, s.-lt. au 19e bataillon de chasseurs à pied.
Mathieu, cap. du génie.
Demonges, cap. du génie.
A. Lemeste, officier d'administration.
Delleys, officier d'administration.
Lebas, cap. de gendarmerie.
Barbary, cap. du génie.
Baradon, cap. au 8e rég. de chass.
Jubinal, cap. aux zouaves.
Dumoutier, cap. au 22e de ligne.
Brun, s.-lt. au 5e de ligne.
Fairre, s.-lt. au 5e de ligne.
A. Bignon, cap. adj-m. au 20e de lig.
Marigues de Champ-Repus officier d'état-major.
Guy, cap. au 3e grenadiers.
Malatral, cap. au 11e de ligne.
Lesdos, c. de b du génie.
Denys, lt. au 58e de ligne.
Dreron, cap. au 3e grenadiers.
Lepage, cap. d'artillerie.
Caby, lt. au 3e grenadiers.
Jarlot, lt. au 3e grenadiers.
J. Bourelly, cap. d'état-m.
Therenin, c. d'escadron d'artillerie.
Nicolas, cap. d'escadron d'artillerie.
Cuthbert, s.-lt. d'inf. de marine.
Sandubray, lt. d'inf. de marine.
Heym, cap. du génie.
Baron de Plazanet, c. d'esc. d'ét. m.
Caré, cap. au 2e d'artillerie.
Caron, lt. du génie.
Desmazières, cap. au 6e d'artillerie.
Panesscores, cap. au 2e d'artillerie.
Dégorge, lt. au 6e d'artillerie.
Bayard de Lamotte, cap. d'ét-m. au 2e voltigeurs.
Bonnefous, cap. adj.-m. au 2e gren.

Vinclaire, cap. au 2ᵉ du génie.
Girardin, cap. au 10ᵉ d'artillerie.
L. Gastine, cap. au 6ᵉ d'artillerie.
H. de Ferron, lt. au 37ᵉ de ligne.
Biston, lt. au 3ᵉ grenadiers.
Mouroult, lt. au 10ᵉ d'artillerie.
Lapadu Hargues, lt. au 5ᵉ de ligne.
Pifleau, cap. d'état-m.
A. Soullié, cap. de gendarmerie.
A. Coudray, s.-lt. au 5ᵉ rég. de lig.
De Grandmaison, cap. d'état-m.
Chardin, cap. comm. au 20ᵉ d'art.
Bizot, cap. du génie.
De Mazes, cap. du génie.
Dalrerny, s.-lt. au 1ᵉʳ rég. de zouaves.
Pichot, cap. au 2ᵉ d'artillerie.
Camoin, lt. au 3ᵉ tirailleurs.
Pavot, s.-lt. au 3ᵉ tirailleurs.
Warion, lt. au 2ᵃ rég. de zouaves.
A. Bourgneuf, cap. d'artillerie.
Bonzy, cap. d'artillerie.
Guy de l'Estoile, lt. au 49. rég. de lig.
Nass, cap. d'artillerie.
Meyret, cap. au 1ᵉʳ voltigeurs.
Boucher, cap. d'artillerie.
A. Vandenheim, lt. au 5ᵉ de ligne.
Bertin, s.-lt. au 45ᵉ de ligne.
Perlié, lt. au 14ᵉ de ligne.
Girard, lt. au 17ᵉ de ligne.
Nicolas Charles, cap. au 14ᵉ de ligne.
De Thoury, lt. au 89ᵃ de ligne.
Maudhuy, cap. au 1ᵉʳ voltigeurs.
De Cremoux, s.-lt. au 14ᵉ de ligne.
Mouard, offic. d'adm. de la garde.
G. Marque, lt. au 17ᵉ de ligne.
Du Peloux, lt. au 89ᵉ de ligne.
Vaisin, c. d'escadron d'artillerie.
Gaudet, s.-lt. au 54ᵉ de ligne.
Babin, cap. d'état-m.
Tasson, s-lt. au 13ᵉ de ligne.
E. Martin, lt. au 5ᵉ de ligne.
Favafelli, s.-lt. au 13ᵉ de ligne.
E. Simonin, s.-lt. au 21ᵉ de ligne.
Wernimont, s.-lt. au 21ᵉ de ligne.
Provost, cap. au 37ᵉ de ligne.
Magnien, s.-lt. au 5ᵉ de ligne.
J. de Gail, c. d'esc. au 11ᵉ dragons.
Vernet, lt. au 31ᵉ de ligne.
Sainton, lt. au 31ᵉ de ligne.
Philippe, lt. au 31ᵉ de ligne.
Cahuzac, s.-lt. au 34ᵉ de ligne.
Bonnele, s.-lt. au 31ᵉ de ligne.
Barré, cap. au 37ᵉ de ligne,
Rebrassier, s.-lt. au 63ᵉ de ligne.
Délioux, cap. au 22ᵉ de ligne.

Walter, cap. au 18ᵉ de ligne.
Carcy, cap. au 15ᵉ de ligne.
Grazy, s.-lt. au 37ᵉ de ligne.
Pillard, cap. au 15ᵉ de ligne.
A. de Ferron, cap. au 37ᵃ de ligne.
Grévot, cap. au 10ᵃ d'artillerie.
Pellissier, cap. au 10ᵉ d'artillerie.
Chrétien, cap. au 86ᵉ de ligne.
Baulier, s.-lt. au 86ᵉ de ligne.
C. Duchêne, s.-lt. au 36ᵉ de ligne.
De Lafont, cap. au 6ᵉ d'artillerie.
Lanaud, cap. au 6ᵃ d'artillerie.
Baillif (?), vétérinaire.
E. Lhuilier, lt. d'artillerie.
L. Cave, s.-lt. au 10ᵉ d'artillerie.
Daujoux, s.-lt. au 10ᵉ d'artillerie.
A. Fosset, lt. au 8ᵃ d'artillerie.
Fournier, lt. au 83ᵉ de ligne.
Lefèvre lt. au 89ᵉ de ligne.
Bachin, s.-lt. au 89ᵉ de ligne.
Du Peloux, c. d'esc. d'état-m.
Remy, s.-lt. au 1ᵉʳ rég. d'inf. de mar.
Le gén. *Michelez,* int. à Stuttgard.
A. Bourdeau, lt., 44ᵉ de ligne.
E. Bourdeau, lt., 7ᵉ de ligne.
M. Vattemare. s.-lt., 7ᵉ de ligne, internés à Coblence.
De Berlhe, lt., 5ᵉ de ligne.
Duron, c., 8ᵉ chasseurs à cheval internés à Cologne.
Hervieu, c., 21ᵉ de lig. int. à Bleid.
Salmon, cap. d'artillerie.
Chaudron, lt. 3ᵃ b. g. mob. de la Meurthe.
H. Dill, s.-lt.; g. mob. de la Meuse.
N. Lejeune, cap. g. mob. de la Meurthe.
De Landrian, s.-lt, 3ᵃ bat. g. mob. de la Meurthe.
Du Tillet, lt., 43ᵃ de ligne.
P. Rossi, lt., 3ᵉ lanciers.
De Boisdavid, lt., garde mob. de la Meurthe.
A. Mariani, s.-lt. 5ᵃ ch. à pied;
Marson, lt., 59ᵉ de ligne.
Pinot, c., lanciers de la garde.
Chapelan, c. inst. 5ᵉ chasseurs.
De Caër, c. 56ᵉ de ligne.
Goussincourt, offic. de la g. mob. de la Meurthe.
Manquat, c., 59ᵉ d'infanterie.
Richard Moland, c. de b. 80ᵉ de lig.
Lefranc de Lacarry, lt., 77ᵉ de ligne.
Boyer, c. de musique, 71ᵉ de ligne.
Wolff, c., 44ᵉ de lig. int. à Hombourg.

Denis, lt., 89e de ligne.
Diberde, lt., 89e de ligne.
Pallé, c., 89e de ligne.
Walbert, s.-lt., 89e de ligne.
Rocher, s.-lt., 89e de ligne.
Zablet, s.-lt., 89e de ligne.
A. Warion, lt., 2e zouaves.
Caruel, lt., 1er zouaves.
Maurin, s.-lt., 98e de ligne.
Duclou, lt., 2e zouaves.
C. Kaïppeli, lt., 22e de ligne.

Dchertagh, lt., 82e de ligne.
De la Vaissière, lt., 82e de ligne.
Darfeille, lt., 37e de ligne.
Capry, s.-l., 37e de ligne.
Barré, c., 37 de ligne.
Fauré, lt., 37e de ligne.
Amouraux, c., 37e de ligne.
Delbas, c., 99e de ligne.
Dincher, lt., 33e de ligne.
Blanchard, lt., 89e de ligne.

« Cologne, 8 décembre 1870.

» Monsieur le directeur,

» Parmi les lettres nombreuses envoyées à votre estimable journal pour protester contre les tendances de la feuille qui s'intitule le Drapeau, je ne vois aucune signature d'officier de la garde (1).

» Ce silence peut donner à espérer qu'elle accepterait comme un devoir toute tentative de restauration napoléonienne.

» Je viens protester énergiquement contre toute pensée de ce genre et je suis certain d'être l'interprète des sentiments de tous mes camarades.

» Nos drapeaux avaient été enlevés, ou plutôt volés, pour être livrés comme tout le reste ; nous les avons détruits... ils ne figureront pas comme ceux de nos malheureux camarades de la ligne sur la promenade des Tilleuls à Berlin.

» En brisant ces aigles et en brûlant ces glorieux débris de Crimée et d'Italie, *nous avons rompu les liens qui nous unissaient au gouvernement impérial* dont la criminelle imprévoyance a causé la honte de l'armée et la ruine de la patrie.

» MEYRET, cap. au 1er volt. de la garde. »

(1) Notre honorable correspondant se trompe : dans les listes que nous avons déjà publiées comme dans celles que nous avons encore entre les mains et que nous publierons se trouvent les signatures de plusieurs officiers de la garde et des guides.

(Note de l'*Indépendance.*)

« Cologne, 9 décembre 1870. .

» *A M. le rédacteur en chef de* l'INDÉPENDANCE.

» Monsieur le rédacteur,

» Il est peut-être bon que l'on se compte au moment où nous sommes. C'est pourquoi je viens vous prier de vouloir bien ajouter mon nom à la liste de ceux de mes camarades qui repoussent de toute leur énergie la pensée de se faire les complices d'une tentative de restauration bonapartiste.

» J'espère que si mon nom tombe ainsi sous les yeux de M. Granier de Cassagnac, le rédacteur en chef du *Drapeau* reconnaîtra qu'il perdrait son temps, sa peine et son papier à me continuer plus longtemps l'envoi de son journal.

» Veuillez agréer, monsieur le rédacteur, avec mes remerciements, l'assurance de ma parfaite considération.

» GILLET, cap. au 3ᵉ tiraill. algér. »

« Cologne, 9 décembre 1870.

» *A M. le rédacteur en chef de* L'INDÉPENDANCE.

» Comme réponse à une propagande insensée, nous avons l'honneur de vous envoyer communication de la lettre que nous adressons au rédacteur en chef du journal *le Drapeau.*

» Nous vous prions de vouloir bien insérer notre protestation contre les manœuvres de cette feuille.

» Agréez, monsieur le rédacteur en chef, etc. »

« Cologne, 9 décembre, 1870.

» *A M. le rédacteur en chef du journal* LE DRAPEAU.

» Depuis quelques jours arrive à profusion et gratuitement, à l'adresse des officiers prisonniers de guerre, un nouveau journal intitulé « *le Drapeau.* » Ayant été compris dans cette distribution, nous avons l'honneur de vous prier de bien vouloir la faire cesser, en ce qui nous concerne.

» Nous ne pouvons nous empêcher de trouver étrange la prétention qu'a votre feuille de représenter les idées de notre malheureuse armée, et d'engager ainsi notre complicité morale dans des intrigues que nous réprouvons de toute la force de notre patriotisme.

» Nous tenons à vous dire que nous honorons dans le

gouvernement de la défense nationale et dans le général Trochu les efforts héroïques tentés pour rétablir l'honneur de la France compromis par les défaillances de Sedan, les mensonges et la honte de Metz.

» Vous vous abusez étrangement en comptant pouvoir disposer de nos consciences, et en espérant que nous commettrons l'infamie de tendre la main à l'envahisseur de notre pays pour l'aider à triompher de la courageuse et patriotique résistance de nos compatriotes. L'armée appartient à la France et elle obéira au gouvernement qu'elle se donnera.

» Moins que tout autre, Monsieur, vous devriez vous attribuer la mission de nous conseiller, car en nous reportant au titre de votre journal, nous serions peut-être autorisés à vous demander où vos conseils ont conduit le drapeau de la France.

» Recevez, Monsieur, etc. »

Desmazes, cap. du génie.
Heim, cap. du génie.
Pinclaire, cap. d'artillerie.
A. Nicolas, cap. d'artillerie.
Girardin, cap. d'artillerie.
P. P.... (illisible), cap. d'artillerie.
Grevol, cap. d'artillerie.
Pélissier, cap. d'artillerie.
Pichot, cap. d'artillerie.
C. Duchêne, s.-lt. au 37e de ligne.
Lafon, cap. d'artillerie.
Fournier, lt. au 83e rég. de ligne.
G. Grosset, lt. d'artillerie.
Mouroult, lt. d'artillerie.
Guérin, s.-lt. d'artillerie.
Bizot-Charnais, cap. du génie.
Liebschutz, lt. au 89e rég. de ligne.
Lods, lt. au 86e régiment de ligne.
Have, s.-lt. d'artillerie.
Sedillot, lt. aux zouaves de la garde.
Lafon, lt. au 3e tirailleurs.
Règne, lt. au 3e tirailleurs.
Martin, lt. au 3e tirailleurs.
Soulice, lt. au 3e tirailleurs.

Gilet, cap. au 3e tirailleurs.
Dufour, lt. au 3e tirailleurs.
Pavot, s.-lt. au 3e tirailleurs.
Monot, s.-lt. au 3e tirailleurs.
Girard, lt. au 17e rég. de ligne.
L. Marque, lt. au 17e rég. de ligne.
Claraldini, s.-lt. au 17e rég. de lig.
Watigny, cap. au 6e rég. d'artillerie.
Chrétien, cap. au 86e rég. de ligne.
De Boxtel, s.-lt. d'artillerie.
Lucot, lt. d'artillerie.
Merlet, lt. au 99e régiment de ligne.
Daujoux, lt. d'artillerie.
Cagniant, lt. d'artillerie.
R. R.. (illisible), cap. au 2e, d'art.
Peytavin, cap. au 48e rég. de ligne.
Boutié lt. au 1er rég. de zouaves.
Kol, s.-lt. au 99e régiment de ligne.
Blanchard, lt. au 89e de ligne.
Hériau, s.-lt. au 44e rég. de marche.
Apffel, cap. du génie.
Pilois, cap. adj.-m. au 52e de ligne.
Bauch, cap. adj.-m. au 52e de ligne.
Boisson, cap. adj.-m. au 52e de lig.

« Cologne, 10 décembre 1870.

» *A M. le rédacteur en chef de* L'INDÉPENDANCE.

» Les officiers français, soussignés, prisonniers à Cologne, sont résolus à ne prêter *jamais et sous aucun prétexte leur concours à une restauration de la famille impériale.*

Gouzy, cap. comm. la 1er batt. du | *A. Bourgneuf*, cap. d'artillerie.
18e régiment d'artillerie. | *G...* (illisible), cap. d'artillerie.
Komprobst, cap. du 2e rég. d'artil. | *Watigny*, cap. d'artillerie.
Nicolet, lt. au 2e régiment d'artil. |

« A adhéré à la protestation ci-dessus :

J. Cadiot, offic. au 1er gren. (prisonn. de g. à Bochun, Westphalie).

« A adhéré à la protestation de Hambourg :

Violet, cap. adj.-m. au 63e de ligne (prisonn. de guerre à Hambourg.)

« Cologne, 10 décembre 1870.

» Monsieur le rédacteur,

» A quoi pensent donc les prisonniers français qui ne veulent pas recevoir le journal *le Drapeau*? Comment, cet organe du 2 décembre pousse la gentillesse jusqu'à nous parler de la patrie absente, à nous faire des sermons sur l'honneur militaire, la sainteté du serment, et ils ne sont pas contents !

» Ils ne veulent pas que monsieur de ? Cassagnac nous fasse entrevoir, dans les brumes de l'avenir, les sauveurs de la société, de la propriété, de la religion, et de je ne sais plus quoi, rentrant en France dans les fourgons prussiens ! Et qui donc se serait jamais douté que le « 2 décembre a été » un loyal appel au peuple, et le 4 septembre une œuvre » de violence, » si Cassagnac-Colomb ne l'avait, dans son *Drapeau*, dûment enregistré?...

» Un journal est toujours utile à quelque chose... Depuis que j'ai vu des esprits sérieux, inconsolables des malheurs de la patrie, se dérider au récit des choses folichonnes que nous conte si bien l'honorable ci-devant représentant du Gers, je soutiens que si tous les prisonniers français étaient consultés par un plébiscite *ad hoc*, 7,300,000 voix répondraient avec votre serviteur : Oui, nous voulons recevoir *le Drapeau* de Cassagnac !

» BATTINI, s.-lt au 14e de ligne, interné à Cologne. »

COTTBUS.

« Cottbus, 14 décembre 1870.

» Les officiers français internés à Cottbus, exclusivement

animés du sentiment patriotique, déclarent hautement repousser, avec l'indignation la plus méprisante, tout concours aux intrigues d'agents sans mandat qui tendent à représenter les officiers français, prisonniers en Allemagne, comme disposés à favoriser, à main armée, une tentative violente de restauration impériale. » . . . .

. . . .

Madoline, cap., 28e de ligne.
Chave, cap., 26e de ligne.
Bouroux, cap., 94e de ligne.
Dorant, cap., 9e dragons.
Quirot, s.-lt., 94e de ligne.
Demange, s.-lt., 94e de ligne.
Lapipe, s.-lt., 94e de ligne.
Lecourbe, s.-lt., 28e de ligne.
Bayard, lt., 9e dragons.
Seckler, s.-lt., 9e dragons.
Vigne, cap., 9e de ligne.
Anoulh, c. de b., 94e de ligne.
Gastion, cap., 9e dragons.
Saint-James, s.-lt., 26e de ligne.
Ferrand, s.-lt., 26e de ligne.
Dubon, cap., 15e d'artillerie.
Duban, lt., 4e de ligne.
Gamel, s.-lt., 9e dragons.
Lauret, cap., 15e d'artillerie.
Boyer, cap., 18e d'artillerie.
Canonier, cap., 94e de ligne.
Pariset, cap., 1er dragons.
Lhomme, cap., 9e dragons.
Ménot, lt., 9e dragons.
Larrieu, s.-lt., 9e dragons.
Perrot, lt., 9e dragons.
Triozon, lt., 91e de ligne.
Houdard, s.-lt., 91e de ligne.
Izaure, cap., 1er dragons;
Toussaint, s.-lt., 9e dragons.

Merle, s.-lt., 9e dragons.
Vergonecy, s.-lt., 9e dragons.
Merciolles, lt., 9e dragons.
Roudloff, lt., 75e de ligne.
Jossieux, lt., 75e de ligne.
Rousselle, cap., 94e de ligne.
Martin, s.-lt., 75e de ligne.
Dufour, c. de mus., 75e de ligne.
Meha, s.-lt., 75e de ligne.
Duffand, s.-lt., 91e de ligne.
Tallet, s.-lt., 91e de ligne.
Husson, s.-lt., 91e de ligne.
Saint-Guily, s.-lt., 91e de ligne.
Giordan, s.-lt., 75e de ligne.
Aboul, lt., 15e d'artillerie.
Hurelle, lt., 94e de ligne.
Lunet, lt., 25e de ligne.
Claris, lt., 18e d'artillerie.
Pilliard, c. de mus., 25e de ligne.
Dégonce, s.-lt., 25e de ligne.
Pasteur, s.-lt., 25e de ligne.
Legardeur, lt., 70e de ligne.
Legros, lt., 70e de ligne.
Jarrousse, s.-lt., 4e de ligne.
Cobert, lt., 15e d'artillerie.
Audibert, cap., 9e de ligne.
Basset, cap., 94e de ligne.
Moreau, lt., 2e dragons.
Déruelle, lt., 2e dragons.
De Saint-Maurice, lt., 12e de ligne.

DANTZIG.

« Dantzig, 18 décembre 1870.

» *A M. le rédacteur en chef de* L'INDÉPENDANCE.

» En présence de l'accueil que vous avez bien voulu faire dans votre journal aux protestations d'un grand nombre de **nos camarades**, nous venons, à notre tour, Monsieur, solliciter la même faveur pour celle ci-jointe que nous adressons aussi au journal *le Drapeau*.

» Recevez, etc. »

« Dantzig, 18 décembre 1870.

» *A M. le rédacteur du* Drapeau.

» N'est-ce point donc assez, pour l'armée française prisonnière en Allemagne, de tant souffrir loin d'une patrie dont elle s'est vue séparée par l'accomplissement des plus odieuses machinations ? Non, sans doute, puisque votre journal, profanant un titre qui résume à lui seul toute la religion militaire du soldat, n'a pas cru devoir respecter une douleur si légitime.

» La publication de votre feuille et surtout la tentative insensée de la propager gratuitement parmi nous, constituent à nos yeux une honte de plus que vous prétendez nous faire partager.

» Nous ne connaissons qu'un drapeau, celui de la France, celui-là même que portent avec un si pur héroïsme nos frères réduits à lutter sans nous pour la délivrance de notre pays.

» Ne pouvant donc considérer l'envoi de votre journal que comme une atteinte à nos sentiments personnels, nous venons vous prier, Monsieur, de ne plus nous l'adresser à l'avenir.

» Recevez, etc. »

Aug. Saint-Martin, lt.-col., 93e de ligne.
Alp. Saint-Martin, cap., 72e de lig.
A. Boissier, cap., 25e de ligne.
P. Boissier, cap., 25e de ligne.
E. Martin, cap., 93e de ligne.
Mercier, cap., 25e de ligne.
Kreiselmeyer, cap., 54e de ligne.

P. Lapeyre, cap., 93e de ligne.
Estorc, lt., 4e de ligne.
H. Seuret, s.-lt., 93e de ligne.
Biollot, s.-lt., 29e de ligne.
Bourgine, s.-lt., 4e de ligne.
Faravel, s.-lt., 4e de ligne.
P. de Boutteiter, officier, 4e de ligne.

DARMSTADT.

« Darmstadt, 14 décembre 1870.

» *A M. le rédacteur en chef de* l'Indépendance.

» Nous ne savons ce qui se passe dans les conseils impériaux, mais nous protestons énergiquement contre toute idée de concours attribuée aux armées prisonnières en Allemagne : une armée nationale n'est pas une garde prétorienne.

» Contraints par la force ou par la trahison d'assister, les bras croisés, à la plus héroïque des luttes, nos vœux ne sont que pour la France, pour le gouvernement provisoire qui la dirige.

» A eux notre admiration, à la volonté seule du pays notre dévouement absolu. »

M. *Peyronnet*, cap. d'état-major.
Weller, c. d'esc. d'artillerie.
Sainte-Beuve, c. de b. du génie.
Lespinatz, cap. au 5ᵉ d'artillerie.
Leclerc, cap. au 31ᵉ de ligne.
Lepaige, cap., 79ᵉ de ligne.
Colomieu, lt., 8ᵉ de ligne.
Pugol, lt., 25ᵉ de ligne.
Maynan, cap., 13ᵉ d'artillerie.
Pinault, cap., 13ᵉ d'artillerie.
De Tadini, cap., 4ᵉ hussards.
Mengaud, cap., 18ᵉ d'artillerie.
Bellorger, cap., 13ᵉ d'artillerie.
Hartman, cap., 91ᵉ de ligne.
Campourcy, lt., 40ᵉ de ligne.
De Carbonnier, s.-lt., 31ᵉ de ligne.
Lescure, cap., 79ᵉ de ligne.
Rondot, lt., 8ᵉ de ligne.
Harmand, cap., 6ᵉ cuirassiers.
Gardarin, cap., 3ᵉ cuirassiers.
Molle, cap., 79ᵉ de ligne.
Renault, cap., 79ᵉ de ligne.
Liebick, lt., 9ᵉ dragons.
Tuaillon, lt., 5ᵉ lanciers.
Prod'homme, lt., 4ᵉ chasseurs d'Afrique.
Marchet, cap., 4ᵉ hussards.
De Byans, cap., 92ᵉ de ligne.
Knoll, chef de mus., 79ᵉ de ligne.
Génan, lt., 2ᵉ cuirassiers.

Larnac, lt., 13ᵉ d'artillerie.
Morin, cap., 79ᵉ de ligne.
Gras, lt., 6ᵉ de ligne.
Vitalis, cap., 79ᵉ de ligne.
Arnal, lt., 4ᵉ hussards.
Arène, lt., 1ᵉʳ hussards.
Girardet, cap., 40ᵉ de ligne.
Dancy de Marcilhac, cap., 79ᵉ de lig.
Lequin, s.-lt., 79ᵉ de ligne
Ben-Salah, s.-lt., 3ᵉ tirailleurs.
Pellreau, s.-lt., 79ᵉ de ligne.
Bizac, lt., au 74ᵉ de ligne.
Probst, cap. au 7ᵉ lanciers.
Guyot, s.-lt. au 79ᵉ de ligne.
De Ferque, cap. au 79ᵉ de ligne.
Tribolet, lt. au 79ᵉ de ligne.
Foucaud, cap. au 79ᵉ de ligne.
Truillet, cap. au 90ᵉ de ligne.
Toussenal, cap. au 6ᵉ cuirassiers.
De Maussion, lt. d'inf. de marine.
Zeni, cap. au 31ᵉ de ligne.
Carnause, cap. au 3ᵉ chasseurs d'Afrique.
Oudri, lt. au 31ᵉ de ligne.
H. Dortet, lt. au 40ᵉ de ligne.
Castandet, lt. au 65ᵉ de ligne.
Marlier, cap. au 4ᵉ hussards.
Stephanopoli, lt. au 62ᵉ de ligne.
H. de Villers, lt. d'inf. de marine.
Filippi, cap. adj.-maj. au 79ᵉ de lig.

ERFURT.

« Erfurt, 14 novembre 1870.

» En réponse aux insinuations qui tendent à présenter l'armée prisonnière comme travaillée par des influences de parti, nous tenons à protester.

» Nos seuls vœux sont pour ceux qui veulent délivrer la France et organisent la défense.

» Notre seul regret est de ne pouvoir joindre nos efforts aux leurs et d'être réduits à l'impuissance par suite d'un désastre dont nous déclinons toute responsabilité. »

A. Riff, cap. d'artillerie.
Léquet, lt. d'artillerie.
E. Moreau, cap. d'artillerie.
Warner, officier.
D'Haricourt, cap. d'état-major.
P. Leroux, lt. d'artillerie.
Courtier, lt. d'artillerie.
Guinard, cap. au 74e de ligne.
Mourencq, officier au 74e de ligne.
Stéchen, s.-lt.
Burnouf, s.-lt. au 74e de ligne.
Mattei, s.-lt. au 13e bat. de chass. à pied.
J. Heissinger, lt. au train d'art.
A. Nattard, lt. au 74e de ligne.
Giotti, s.-lt. au 74e de ligne.
Argond, s.-lt. au 84e de ligne.
Ferticot, s.-lt.
C. Garies, s.-lt. au 84e de ligne.
S. Dapallu, s.-lt. au 7e de ligne.
Gailhaudon, s.-lt. au 16e bat. de chasseurs à pied.
M. Delaporte, cap. du génie.
J. d'Agincourt, lt. du génie.
Martin, cap. du génie.
E. Fournel, lt. au 7e de ligne.
Duran, offic. au 16e bat. de chass. à pied.
Chamsex, offic. au 16e bat. de chass. à pied.
Salvignol, offic. au 17e bat. de chasseurs à pied.
Lecointe-Desiles, offic. au 16e bat. de chass. à pied.
Mouran, offic. au 16e bat. de chasseurs à pied.
Ducoron, offic. au 54e de ligne.
Corbière, lt. au 17e bat. de chass. à pied.
Thaler, cap. au 1er rég. de zouaves.
Horny, cap. au 16e rég. de chass. à pied.
Scupel, cap. au 1er rég. de zouaves.
Bricaut, cap. au 16e bat. de chass. à pied.
A. Vaganay, cap. au 1er rég. de zouaves.

L. Moulinier, offic. au 50e de ligne.
V. Veriés, cap. au 16e bat. de chasseurs à pied.
Duppui, vét. au 10e rég. d'art.
A. Poli, lt. au 6e de ligne.
Monthoge, lt. au 6e de ligne.
Nano, cap. au 1er de ligne.
Vouttier, s.-lt. au 6e de ligne.
L. Vincent, cap. au 7e de ligne.
Lecomte, cap. du génie.
Thierry, cap. des tirailleurs.
M. Lenoir, cap. du génie.
A. de Pontécoulant, cap. d'état major au 1er tirailleurs algériens.
Thomas, cap. au 1er tirailleurs algériens.
Beraud, cap. aux tirailleurs.
J. Wulfran, s.-lt., au 10e rég. d'art.
Guilhouet, cap. d'artillerie.
Beulaerts, lt. au 50e de ligne.
Deneff, lt. au 12e rég. d'artillerie.
Pouchelon, garde d'artillerie.
Pilset, garde d'artillerie.
J. Riding, garde d'artillerie.
Arcro, offic. au 9e rég. d'artillerie.
Jacques, offic. au 4e chasseurs d'Afrique.
G. Colin, offic. d'artillerie.
Gengoult, offic. au 34e de ligne.
Germain, offic. d'administration.
E. Benoin, offic. d'administration.
E. Ariès, officier.
H. Algon, c. de b. au 35e de ligne.
Carin, offic. au 10e rég. d'artillerie.
C. Pelseur, officier.
Hennequin, officier du génie.
Fretech, officier du génie.
Rehassog, officier du génie.
Lhéritier, officier du génie.
Laborde, cap. au 45e de ligne.
Arverl, officier du génie.
Saleta, officier du génie.
Garcier, officier du génie.
Millo, s.-lt. au 18e de ligne.
L. Torchet, s.-lt. au 67e de ligne.
Neveux, cap. au 2e rég. du train d'artillerie.

H. Grenier, cap. comm. au 4e rég. de chasseurs d'Afrique.

Daudonné, cap. au 2e d'artillerie.

Paris, cap. au 4e chass. d'Afrique.

Wasmer, officier.

Senepart, s.-lt. au 16e bat. de chass. à pied.

Thalinger, cap. au 2e rég. du train d'artillerie.

Potier, cap. au 2e rég. du train d'art.

Peries, cap. au 2e rég. du train d'art.

Brouillard, cap. au 2e rég. du train d'artillerie.

Pelloux, cap. au 2e rég. du train d'artillerie.

Dubois, lt. au 7e de ligne.

Hivert, lt. au 7e de ligne.

Weisse, s.-lt. au 7e de ligne.

Damélincourt, cap. au 96e de ligne.

Dupuis, vétérinaire.

Vincent, cap. au 7e de ligne.

« Erfurt, 8 décembre 1870.

» L'indescriptible douleur d'assister, impuissante, à la dévastation de sa malheureuse patrie, n'était donc pas suffisante pour l'armée française !

» Il lui faut subir une épreuve plus pénible encore. On voudrait faire planer sur son honneur les plus outrageants soupçons, en admettant la *possibilité de sa coopération à la restauration du pouvoir qui a trahi la France.*

» La rédaction anonyme du journal *le Drapeau*, qui nous impose ses exemplaires, aurait dû comprendre qu'après Sedan et Metz, il ne pouvait y avoir dans un cœur vraiment français que deux sentiments : l'amour de la patrie, *l'horreur du gouvernement qui l'a livré à l'ennemi.* »

Gelez, chef d'escadron.

Ed. Van Schalkwyck de Boisaulin, Rapp, de Montcabrié, Marlien, Grenier, Roux, Leclère, Lafond et de Bancarel, cap. aux 1er, 3e et 4e chasseurs d'Afrique.

B. de Boysson, cap., ch. de France.

Badenhuyer, Jeoffroy, P. Gros, Ed. de Bergevin, du Boisguéhenneuc, E. de Kergarion, Launay et Daustel, lts. aux 1er, 3e et 4e rég. de ch. d'Afrique.

Friédel, de Cours, Rivoire, de Tarragon, de Roquefeuil, Queneau, de la Hamède, Solanges, Royer, s.-lts. aux 1er, 3e et 4e rég. de chass. d'Afrique.

P. Van Schalkwyck, s.-lts. aux cuirassiers.

éon, Moreau, Chaume, Cerf, Michel,

de Bellanoy et P. de Boysson, cap. d'artillerie.

A. de Bréon, F. de Bréhon, Lenglet, Grouard, Théven-Guéléran, Bohmeust, Chardon, Boquet Reissingier, Boutiot, Bortin, William, Fournel, Dupallier, Bertrand, Margot, Brettenac, Lépargneux, Rondet, Audebert, Goiran, Lefillatre, lts. d'artillerie.

Canton, lt. au 3e zouaves.

Vallée, lt. au francs-tirailleurs.

Lefer, cap. aux chasseurs.

De Bergevin, lt.

Trente, cap. de la garde mobile.

De Bordaygues et de Cadol d'Argeneuil, s.-lts. de la garde mobile.

Lafond, Paul de Boysson, Bernard de Boysson et Royer, officiers.

« Erfurt, 11 décembre 1870.

» *A M. le rédacteur en chef de* L'INDÉPENDANCE.

» Nous avons l'honneur de vous prier de vouloir bien

ajouter nos noms à ceux de nos camarades, prisonniers de guerre en Allemagne, qui ont déjà protesté contre les menées dont une feuille anonyme, *le Drapeau*, cherche à nous rendre les complices.

» Nous sommes les soldats de la France, nos vœux suivent nos frères qui défendent le pays et nous ferons toujours cause commune avec eux. »

A. Parigon, cap. au 4ᵉ rég. d'art. | *L. Labiche*, lt. au 4ᵉ rég. d'artillerie.
Darriet, cap. au 4ᵉ rég. d'artillerie, | *La Bouverie*, lt. au 4ᵉ rég. d'art.
Colard, lt. au 4ᵉ rég. d'artillerie. | *Manceron*, lt. au 4ᵉ rég. d'artillerie.

« Erfurt, 11 décembre 1870.

» A *M. le rédacteur en chef de* L'INDÉPENDANCE.

» En présence de menées dont le but paraît être de disposer de l'armée prisonnière à appuyer une restauration impériale, nous croyons devoir protester contre de pareils projets. »

. . . .

Réallon, cap. d'artillerie. | *Dubruel*, cap. d'artillerie.
Basset, cap. d'artillerie. | *Lefroye*, cap. d'artillerie.
Beaufils, lt. d'artillerie. | *Raffron de Val*, cap. d'artillerie.
Devaux, lt. d'artillerie. | *E. Savignon*, lt. d'artillerie.
Villard, lt. d'artillerie. | *H. Messin*, cap. d'artillerie.
Lefebvre, lt. d'artillerie. | *P. Dingler*, lt. d'artillerie.
Hingue, s.-lt. d'artillerie. | *J. Peltzer*, cap. d'artillerie.
Benoist, vétérinaire. | *Lecomte*, cap. du génie.
Gérard, c. de b., 6ᵉ de ligne. | *Lenoir*, cap. du génie.
Guffroy, cap. adj.-major 6ᵉ de ligne. | *Arvers*, cap. du génie.
L. d'Amfreville, c. de b., 94ᵉ de lig. | *Harang*, lt. d'artillerie.
Morel, major du 60ᵉ de ligne. | *Pion*, cap. d'artillerie.
Pierrot, cap. du 16ᵉ bat. de chass. à | *Armand*, cap., 1ᵉʳ de ligne.
pied. | *Tandou*, cap. d'artillerie.
Widenhorn, cap. adj.-maj., 16ᵉ bat. | *Lefilicatre*, lt. d'artillerie.
Massenet, lt. d'artillerie. | *Bouillaud*, s.-lt. au train d'artillerie.
Ducelliez, cap. d'artillerie. | *Alyan*, c. de b., 35ᵉ de ligne.

« Erfurt, 15 décembre 1870.

» Nous avons l'honneur de vous prier d'être l'interprète des sentiments de juste indignation soulevée en nous par l'idée seule d'une restauration bonapartiste. »

. . . .

A. Trouillard, c., 60ᵉ de ligne. | *G. Huet*, lt., 60ᵉ de ligne.
G. Largenton, lt., 56ᵉ de ligne. | *G. Bois*, lt., 60ᵉ de ligne.
Dumoulin, lt., 56ᵉ de ligne.

GIESSEN.

« Giessen, 11 décembre 1870.

» .A M. *le rédacteur en chef de* L'INDÉPENDANCE.

» Nous tenons à ce que les braves défenseurs de la France envahie sachent que nous ne voulons nous associer en aucune façon à ceux qui rêvent la honteuse utopie d'une restauration bonapartiste, et nous venons protester de toutes nos forces contre le rôle déshonorant que voudraient nous faire jouer ceux qui inspirent les organes de ce parti.

» Soldats, nous appartenons à la France, qui seule peut disposer de nous ; nous n'obéirons jamais qu'au gouvernement qu'elle aura choisi. »

Ch. Fouquet, cap. au 73e de ligne.
G. Boyer, s.-lt. au 44e de ligne.
A. Bellecour, lt. au 45e de ligne.
Marchand, s.-lt. au 73e de ligne.
B. Bellecour, lt. au 1er zouaves.
Mourié, s.-lt. au 73e de ligne.
Millet, s.-lt.
C. Jauréquiberry, lt. au 54e de lig.
Bergeron, lt. au 1er de ligne.
A. Joung, s.-lt. au 13e de ligne.
Piercy, s.-lt. au 5e de ligne.
Monnier, s.-lt. au 54e de ligne.
Celerier, s.-lt. au 1er de ligne.
Gachet, lt. au 1er de ligne.

J. Paquet, cap. au 13e de ligne.
Fréville, s.-lt. au 48e de ligne.
C. Delon, s.-lt. au 54e de ligne.
Hamon, s.-lt. au 1er train d'artillerie.
J. Crelergt, s.-lt. au 73e de ligne.
Blot, lt. au 1er de ligne.
Giovanni, cap. au 1er de ligne.
Gandin, comm. au 1er de ligne.
Corréard, cap. au 73e de ligne.
Roty, cap. au 22e de ligne.
Gaunat, lt. au 33e de ligne.
Picot, s.-lt. au 21e de ligne.
Gueny, lt. au 1er d'artillerie.
Robert, lt. au 13e de ligne.

Une autre protestation, venant également de Giessen, est signée par les officiers dont les noms suivent :

A. Hutin, cap. au 48e de ligne.
Peisson, cap. au 48e de ligne.
Gaudin, cap. au 33e de ligne.
Plo, lt. au 13e de ligne.
Luc, s.-lt. au 1er de ligne.
Gresset, s.-lt. au 13e de ligne.
E. Desveaux, cap. d'artillerie.
A. Guillernet, s.-lt. au 27e de lig.

Billerey, s.-lt., 33e de ligne.
Chambon, s.-lt., 31e de ligne.
Chériot, lt. d'artillerie.
Helbert, lt. au 21e de ligne.
Schneider, s.-lt. au 48e de ligne.
Gastiné, cap., 1er d'artillerie.
Faleau, cap. adj-maj, 15e de ligne.
Rouy, lt., 1er tirailleurs.

GLOGAU.

« Glogau, 10 décembre 1870.

» A M. *le rédacteur en chef de* L'INDÉPENDANCE.

» Les soussignés, officiers français, prisonniers de guerre, internés à Glogau, protestent de la façon la plus énergique contre les théories émises par *le Drapeau*, journal français, publié à Bruxelles, sous la direction de M. Granier de Cassagnac. »

MM. *Coville*, cap. adj-m. 10e de lig

Pône, cap, adj-m. 10e de ligne.

Lassaugue, lt., adj-m. 10e de ligne.

Peyzet, cap. adj-m. 10e de ligne.

Breville, lt., adj.-m. 10e de ligne.

Cloche, lt. adj-m. 10e de ligne.

Berthelot, s.-lt adj.-m. 10e de ligne.

Cunche, s. lt. adj-m. 10e de ligne.

Couroux, cap. 2e lanciers.

Fauconnet, lt., 2e lanciers.

Colomb d'Ecolay, cap. 2e de ligne.

Champagne, cap. 6e lanciers.

Duhautbourg, cap. 2e lanciers.

Battu, lt., 10e de cuirassiers.

Marianval, cap. 2e de lanciers.

C. Faugeron, s.-lt. 7e de cuirassiers.

Lasaigues, lt. 6e d'artillerie.

Malleret, s.-lt. 9e de ligne.

Perret, cap. 12e de ligne.

Florentin, garde du génie.

Mesplé, garde du génie.

Beguin, lt., 1er de dragons.

De Lichtenstein, cap. 1er de drag.

B. Etienne, cap. 28e de ligne.

Sauve, cap. 28e de ligne.

Chassaing, lt., 28e de ligne.

Bouillie, cap. 6e de lanciers.

De Golbery, lt. de la garde mobile du Bas-Rhin.

Ch. Minnen, s.-lt., 28e de ligne.

Gombalut, lt., 28e de ligne.

Laporte, lt., 28e de ligne.

Gouzon, lt., 28e de ligne.

Capitain, cap., 28e de ligne.

Duval, comm. de la g. mob. de la Marne.

Mougeot, cap. de gendarmerie.

Trawitz, lt., g. mob. du Bas-Rhin.

Gabbatio, s.-lt. 28e de ligne.

Lemaire s.-lt. 6e lanciers.

Grumbach, officier d'administration.

Bildstein, officier d'administration.

Acquier. lt.. 75e de ligne.

Lassebille, lt., 7e cuirassiers.

Demousabert, lt., 28e de ligne.

Chandelier, comm. 1er hussards.

Nussard, lt.. 1er lanciers.

Hourblin. lt. g. mob. de la Marne.

Rey, lt., 94e de ligne.

Batiston, s.-lt., garde mobile.

Martin, cap. 74e de ligne.

Fugel, cap. 94e de ligne.

Stoffelbach, cap. 94e de ligne.

Noirot, s.-lt. 94e de ligne.

Hamens, cap. commandant de place.

Véron, s.-lt., 28e de ligne.

Cornu, cap. 4e de ligne.

Masset, cap. 26e de ligne.

Chamie s.-lt. 28e de ligne.

Giovocchini, cap. 28e de ligne.

Gatelet, cap., 6e lanciers.

Masson, chef de musique, 12e de lig.

Tripard, lt., 9e de ligne.

Muller, s.-lt., 9e de ligne.

Curié, s.-lt., 9e de ligne.

Speitel, cap., 3e spahis.

Roussel, s.-lt., 70e de ligne.

Court, s.-lt., 26e de ligne.

Recourzé, cap., 28e de ligne.

Lafaye, cap., 12e de ligne.

Perdrix, cap., 94e de ligne.

Noques, s.-lt., 70e de ligne.

Gilloux, s.-lt., 70e de ligne.

Delaudes, c. de musique, 70e de lig.

Leroux, s.-lt., 6e lanciers.

Duffour. s.-lt., 6e lanciers.

Jouve, s.-lt., 6e lanciers.

Goupil, s.-lt., 25e de ligne.

Ley, s.-lt., 26e de ligne.

Saint-Amad, cap., 28e de ligne.

Mouget, cap., adj.-m., 28e de ligne.

Guerre. cap., 70e de ligne.

Gandeaut, cap., 28e de ligne.

Gillet, lt., 75e de ligne.

Derc, cap. 28e de ligne.

Ducatez, s.-lt., 94e de ligne.

Cuillodot, s.-lt., 16 de ligne.

GOERLITZ.

« Goerlitz, 14 décembre 1870.

« » Nous nous unissons de toute la force de notre âme et de notre dévouement à la pensée sublime qui soutient et guide les membres de la défense nationale dans leur mission si difficile.

» Soldats de la France, nous sommes bien malheureux de ne pouvoir combattre avec nos braves frères. » . . . .

. . . .

Moutiez, cap., 26e de ligne.
Bonneton, cap., 93e de ligne.
Lansac, cap., 100e de ligne.
Levy, cap., 93e de ligne.
Roques, cap., 10e de ligne.
Payneux, cap., 91e de ligne.
Corne, cap., 93e de ligne.
Debert, cap., 93e de ligne.
Bosselut, cap., 12 de ligne.
A. Chassin, cap., 12e de ligne.
Chapelle, cap., 28e de ligne.
Husson, cap., 28e de ligne.
E. Bénézech, cap., 10e de ligne.
Combe, cap., 10e de ligne.
Béloury, cap., 93e de ligne.
Clair, cap., 93e de ligne.
Remond, cap., 100e de ligne.
Hénot, cap., 100e de ligne.
Volpajola, cap., 10e de ligne.
Richard, cap., 10e de ligne.
Ricard, cap., 12e de ligne.
Bernedac, cap., 4e d'artillerie.
Lippmann, cap., 13e d'artillerie.
Descours, cap., 10e de ligne.
Mathieu, cap., 94e de ligne.
Missié, cap., 94e de ligne.
P. Bernard, cap., 10e de ligne.
Klein, cap., 91e de ligne.
Lapostioles, cap., 91e de ligne.
Poirot, cap., 70e de ligne.
Albert, cap., 100e de ligne.
Trespaillé, cap., 4e d'artillerie.
H. Vinon, cap., 12e de ligne.
Dubois, cap. 9e dragons.
De Guibert, cap., 7e cuirassiers.
Rolland, cap. 25e de ligne.
Pigallet, cap., 25e de ligne.
Raudot, cap. 25e de ligne.
Gauthier, cap., 26e de ligne.
Chauveau de Bourdon, cap., 7e cuir.

De Chaumont, s.-lt., 7e cuirassiers.
Pataillot, cap., 93e de ligne.
Gauthier, s.-lt., 9e dragons.
Cheriau, s.-lt., 10e de ligne.
Charpeau, cap., 18e d'artillerie.
Aimé, s.-lt., 100 de ligne.
Poignot, s.-lt., 28e de ligne.
Bronikowski d'Oppeln lt., 4e d'art.
Finot, cap., 4e d'artillerie.
Pantenier, lt., 91e de ligne.
Carré, lt., 9e dragons.
D'Amarzit, lt., 94e de ligne.
Gast, lt., 94e de ligne.
Bouigues, lt., 100e de ligne.
Dufour, s.-lt., 25e de ligne.
Rochas, lt., 28e de ligne.
Gairaud, lt., 9e de ligne.
Weber, s.-lt., 9e de ligne.
Malaspina, s.-lt., 12e de ligne.
Geoffroy, lt., 94e de ligne.
Mutel, lt., 100e de ligne.
Chauvin, cap., 1er dragons.
Roux-Dufort, s.-lt., 1er dragons.
Mazel, s.-lt., 9e dragons.
Girard, lt., 91e de ligne.
Bonnafous, cap., 93e de ligne.
Cavanac, lt., 25e de ligne.
Costeplane, lt., 10e de ligne.
Pollini, lt., 12e de ligne.
De Cherville, lt., 91e de ligne.
Bonhoure, lt., 2e chasseurs.
Gisselberger, s.-lt., 10e de ligne.
Barre, lt., 94e de ligne.
Montillier, s.-lt., 25e de ligne.
Nicolas, lt., 98e de ligne.
Valat, lt., 13e d'artillerie.
Thorel, lt., 15e de ligne.
Aubert, lt., 91e de ligne.
Dubraule, lt., 91e de ligne.
Bies, lt., 91e de ligne.

Poncelet, lt. de gendarmerie.
L. Dor, lt., 100e de ligne.
G. de la Rochepouchin, lt., 7e cuir.
Bruch, s.-lt., 1er dragons.
Guillemain, lt., 13e d'artillerie.
Rey, vétérinaire 8e d'artillerie.
Delor, lt., 10e de ligne.
Immelé, lt., 10e de ligne.
Julien, vétérin. 2e bat. du train.
Bernardini, s.-lt., 93e de ligne.
Cozes, lt., 12e de ligne.
Blanchon, lt., 12e de ligne.
Huck, lt., 12e de ligne.
Espitailler, s.-lt., 10e de ligne.
Nanner, s.-lt., 25e de ligne.
Mathes, s.-lt., 25e de ligne.
Thiry, lt., 26e de ligne.
Molck, lt., 26e de ligne.
Deveray, s.-lt., 26e de ligne.
Thomas, s.-lt., 13e d'artillerie.
Deplace, c. de musique, 93e de lig.
Gally, s.-lt., 93e de ligne.
Dugros, cap. au train.
Bénézech, lt., 10e de ligne.

Dufort, s.-lt., 2e chass. à cheval.
Vannier, s.-lt., 10e de ligne.
Barrière, s.-lt., 12e de ligne.
Juvenel, s.-lt., 12e de ligne.
Guérillot, s.-lt., 94e de ligne.
Laforest, s.-lt., 91e de ligne.
Guilloux, lt., d'artillerie.
Moreau, s.-lt., 10e de ligne.
Constant, c. de musique 10e de lig.
Mouynet, lt., 93e de ligne.
Collin, lt., 100e de ligne.
Chabert, s.-lt., 28e de ligne.
G. Trinquier, s.-lt., 10e de ligne.
S. Truc, s.-lt., 10e de ligne.
De Pistoye, lt., 14e d'artillerie.
Guyon, lt., 10e de ligne.
Mannoné, s.-lt., 10e de ligne.
Grieumard, s.-lt., 100e de ligne.
Breuillon, lt., 14e de ligne.
E. François, lt., 94e de ligne.
Maillard, lt., 94e de ligne.
Birkenkoff, s.-lt., 10e de ligne.
Lhéraud, s.-lt., 10e dragons.
Bellenguez, s.-lt., 1er dragons.

HALBERSTADT.

« Halberstadt, 5 décembre 1870.

« *A M. le rédacteur en chef de* L'INDÉPENDANCE.

» Le journal *le Drapeau*, dont les premiers numéros sont envoyés gratuitement à la plupart des officiers français prisonniers de guerre en Allemagne, et probablement à un certain nombre de sous-officiers, cherche à tromper l'armée entière comme on a cherché à tromper l'armée de Metz sur l'état social de la France : le désordre y régnerait, la loi aurait perdu toute action, les partis s'y déchireraient et l'armée seule accompagnant l'ex-empereur pourrait ramener les esprits égarés et faire accepter la paix aux Prussiens.

» Ces manœuvres appellent une protestation : nous l'adressons au *Drapeau*, et nous vous prions de l'insérer dans votre estimable journal.

» J'ai l'honneur de vous prier, monsieur le rédacteur, d'agréer l'assurance de ma considération distinguée.

» J. MEYSSONNIER, cap. d'art., prisonnier de guerre à Halberstadt. »

» Suit le texte de la lettre adressée au *Drapeau*. Elle débute ainsi :

» Au journal le *Drapeau*.

» Monsieur le rédacteur,

» Malgré le droit que vous donnent les lois de la presse en Belgique de taire votre nom, les conseils étranges que vous donnez à l'armée française de la première heure l'autoriseraient à exiger une signature. Elle saurait si celui qui s'adresse à elle est un homme loyal, obéissant à des préventions contre ceux qui cherchent à sauver la patrie, ou si c'est un homme......

» La fin de la phrase est tellement roide, dit *l'Indépendance*, que nous ne voulons pas la reproduire ; mais M. Granier de Cassagnac a la lettre sous les yeux. »

M. Meyssonnier continue ainsi :

« Vous invitez l'armée, au nom de la discipline et de l'honneur, à rester fidèle à son drapeau ! Elle ne l'a point oublié ; et c'est pour cela qu'elle ne saurait consentir au métier que vous lui proposez. L'armée française est tombée ; mais son plus grand malheur est l'insulte qu'on ajoute à son infortune. Vous voudriez, maintenant que nos frères, nos pères eux-mêmes, protégeant nos foyers, remplissant la noble tâche qui nous était destinée ; maintenant que la France n'est qu'un seul camp dont le mot d'ordre est l'intégrité du territoire ; vous voudriez qu'au mépris de cet héroïsme, nous venions ajouter encore aux angoisses de nos compatriotes en leur laissant penser que, las d'être inutiles et malheureux, nous devenons dangereux et lâches ; que nous consentirions à accompagner en France l'empereur Napoléon III et à protéger par nos armes ce que vous appelez l'ordre et ce qui serait un coup d'Etat.

» Détrompez-vous, Monsieur ; retranchés de la vie actuelle par des fautes qui ne furent pas les nôtres, nous comprenons que notre seul devoir est la patience, comme notre seule consolation est l'espérance. Nous sommes et avons toujours été les soldats de la France ; nous admirons de loin ce qui s'y passe et nous ne pouvons entendre sans indignation qualifier de traîtres des hommes qui ont ramassé, pour sauver notre pays, un pouvoir que des mains inhabiles avaient laissé tomber ; qui, en deux mois, ont créé une armée plus nombreuse et une artillerie plus puissante que celles qui sont tombées entre les mains de nos ennemis ; qui travaillent sans découragement à ajouter chaque jour de nouvelles pierres à la digue destinée à faire refluer le flot de l'invasion.

» Enfin, victorieuse ou vaincue, la France seule sera maîtresse de ses destinées. La liberté de son vote aurait tout à craindre de la protection d'une armée prétorienne et nous protestons contre tout rôle politique que l'on chercherait à faire jouer à l'armée prisonnière en Allemagne.

» J. MEYSSONNIER. »

Le lendemain, 6 décembre, arrivait de Mayence une autre protestation contre *le Drapeau* et ses tendances. Elle était signée des noms que voici :

Baron *De Lagarde*, c. d'esc. au 8e l. | *Carré*, cap. au 8e lanciers.
Blanchard, cap. au 8e lanciers. |

« Halberstadt, 11 décembre 1870.

» *A M. le rédacteur en chef de* L'INDÉPENDANCE.

» Les officiers français soussignés, prisonniers à Halberstadt, protestent hautement contre les maximes et les tendances du journal *le Drapeau*. Ils repoussent comme une insulte le rôle qu'on veut leur faire jouer. Leurs cœurs et leurs vœux sont avec ceux qui, sous le gouvernement de la défense nationale, combattent pour l'honneur et le salut de la France. »

Rochat, cap. au 58e de ligne.
Loubet, cap. au 34e de ligne.
G. de Feré, cap. au 34e de ligne.
Saravi, lt., au 34e de ligne.
C. de la Rivière, lt. au 34e de lig.
Gardot, s.-lt. au 34e de lig.
De mazes, cap. au 34e de ligne.
A. Magnet, s.-lt. au 5e de ligne.
Duchesne, cap. au 5e de ligne.
Guittard, lt. au 5e de ligne.
Rogues, cap. au 5e de ligne.
Coverez, lt. au 5e de ligne.
Faucher, cap. au 5e de ligne.
Kurtz, cap. au 5e de ligne.
Glassier, lt. au 5e de ligne.
Letourneur, cap. au 6e cuirassiers.
Benoit, c. d'esc. au 6e cuirassiers.
Elias, lt. au 6e cuirassiers.

Fortani, lt. au 6e cuirassiers.
Humbert, lt. au 6e cuirassiers.
Pellerin, lt. au 6e cuirassiers.
De Mozeux, lt., au 6e cuirassiers.
E. Volf, cap. adj.-m. au 5e cuir.
Ch. Curel, cap. au 6e cuirassiers.
De Saint-Léger, offic. 6e cuirassiers.
Andiau, offic. au 6e cuirassiers.
Pascaud, offic.
Lasalle, offic.
Brémey, cap. au 58e de ligne.
Harancourt, cap. au 58e de ligne.
Coussy, cap. au 88e de offic.
L. Croquez, lt. au 88e de ligne.
G. Manfredi, lt. au 88e de ligne.
Troismaisons, cap. d'inf. de marine.
P... (illisible), lt. d'inf. de marine.
L. M... (illisible), au 1er de marine.

S... (illisible), offic. au 47e reg. de lig.

De Valtamict, cap. au 47e de ligne.

Blanc, cap. au 47e de ligne.

De Puybusque, cap. au 47e de ligne.

E. Lang, offic. au 46e de ligne.

L. Archivet, cap. au 49 de ligne.

Dutill, cap. au 47e de ligne.

Le Fallois, cap. au 47e de ligne.

A... quort, (illisible), cap. au 47e de ligne.

Bégou, cap. au 58e de ligne.

Harmand, cap. au 83e de ligne.

Chateaubourg, cap. au 7e lanciers.

Dubé, cap. au 4e hussards.

Cartier, cap. au 47e de ligne.

E. de Comeau, cap. au 4e hussards.

Haubin, cap. au 83e de ligne.

Rou... (illisible), cap. au 83e de lig.

A. F... (illisible). s.-lt,, au 58e de lig.

L. Feugière, offic. au 58e de lig.

Oudrille, s.-lt. au 58e de ligne.

V. Guilard, cap. au 47e de ligne.

Charonnet, cap. au 47e de ligne.

Bermond, s.-lt. au 82e de ligne.

B. Malick, s.-lt. au 58e de ligne.

Riballier Desile, offic. au 82e de lig.

L. Hergault, cap. au 58e de ligne.

J. Jeannerot, cap. au 58e de ligne.

A. Desportes, s.-lt. au 5e cuirassiers.

Lacaque, s.-lt. au 58e rég. de ligne.

D'Eyragues, s.-lt au 4e hussards.

Dureau, lt. au 34e de ligne.

Bourriot, lt. au 34e de ligne.

Maréchal, lt. au 34e de ligne.

Tignol, lt. au 34e de ligne.

Lafond, s.-lt. au 58e de ligne.

Augustin, Hery, s.-lt. au 34e de lig.

G. Dercourt, cap. au 5e de ligne.

Poulet, s.-lt. au 34e de ligne.

Pernot, cap. au 34e de ligne.

Fleig, lt. au 34e de ligne.

Casmicu, s.-lt. au 58e de ligne.

Denop, lt. au 54e de ligne.

Renault, s.-lt. au 84e de ligne.

Fortier, lt. au 6e cuirassiers.

Baudoin, s.-lt. au 4e hussards.

Michelon, cap. au 5e de ligne.

C. André, lt. au 58e de ligne.

J. Cluérey, cap. au 7e lanciers.

Nicolas, cap. au 58e de ligne.

Teissier, cap. au 5e de ligne.

Demonet, s.-lt. au 7e lanciers.

H. Salaville, cap. au 7e lanciers.

Montagnié, cap. au 7e lanciers.

Michau, cap. au 7e lanciers.

H. Marchal, lt. au 6e cuirassiers.

Messin, lt. au 6e cuirassiers.

Rivet, lt. au 6e cuirassiers.

Tillinac, lt. au 6e cuirassiers.

Grangier, cap. au 6e cuirassiers.

J. Bertiot, cap. au 9e rég. d'artill.

T. Gibouin, cap. d'artillerie.

Meyssonnier, cap. d'artillerie.

Legout, cap. d'artillerie.

George, lt. au 17e rég. d'artillerie.

Tridon, lt. au 12e rég. d'artillerie.

E. Prunaux, lt. au 12e rég. d'art.

Coste, s.-lt. au 88e de ligne.

Ligier, lt. au 6e cuirassiers.

Boileau, cap. au 12e de ligne.

A. Soyard, lt. au 12e d'artillerie.

E. Lambert, lt. au 7e d'artillerie.

E. Hardy, lt. au 11e d'artillerie.

L. Rivière, s.-lt. au 9e d'artillerie.

Etienne, s.-lt. au 12e d'artillerie.

Collin, cap. au 83e de ligne.

Villameur, cap. au 9e de ligne.

Klein, cap. au 5e de ligne.

T. Lavoye, cap. au 5e de ligne.

Lefol, cap. au 5e de ligne.

Moulin, cap. au 5e de ligne.

Durand, lt. au 58e de ligne.

Narcy, lt. au 58e de ligne.

Gallier, cap. au 58e de ligne.

De Lannoy, s.-lt au 5e cuirassiers.

Willig, s.-lt. au 5e cuirassiers.

Bloem, (illisible), s.-lt. au 1er rég. d'infanterie de marine.

Roulot, s.-lt. au 1er rég. d'inf. mar.

Arnier, s.-lt. au 1er rég. d'inf. mar.

Dubois, lt. au 4e rég. d'inf. de mar.

Joubert, s.-lt. au 4e rég. d'inf. de mar.

Ferry, s.-lt. au 4e rég. d'inf. de mar.

Vignon, s.-lt. au 4e rég. d'inf. de mar.

Leprieur, cap. au 34e de ligne.

« Halberstadt, 18 décembre 1870.

» Les soussignés protestent avec énergie contre les idées que le journal *le Drapeau* s'efforce de propager.

» SAMARY, DENAIN, DIVOL, BRACH, cap. au 53e de ligne. »

HAMBOURG.

« Hambourg, 2 décembre 1870.

» *A M. le rédacteur en chef de* L'INDÉPENDANCE.

(Deuxième protestation.)

» L'armée appartient à la France, elle n'appartient pas à un parti. Prisonnière en Allemagne, par suite de machinations infâmes et ténébreuses, elle ne saurait oublier la honte des capitulations de Sedan et de Metz ; elle répudie toute solidarité avec des chefs qui espéraient et espèrent encore rétablir la dynastie napoléonienne sur les ruines de la nation.

» Elle n'a qu'une seule pensée, celle de voir finir sa captivité pour s'associer aux efforts des nobles défenseurs qui se sont levés et se lèvent encore pour chasser l'étranger, et avec eux, elle crie :

» Vive la République ! Vive la France ! »

M. Falle, cap. comm. au 2ᵉ rég. des chass. d'Afrique.
Coillot, cap. comm. la 7ᵉ batterie du 20ᵉ rég. d'artillerie.
Foucher, cap. d'ét.-m.
A. de Restignac, cap. au 2ᵉ rég. des chass. d'Afrique.
Boyé, cap. aux guides.
Happich, cap. comm. au 2ᵉ rég. des chass. d'Afrique.
C. Sabot, s.-lt. au 2ᵉ rég. des chass. d'Afrique.
A. Hazelong, s.-lt. au 2ᵉ rég. des chass. d'Afrique.
Bugeaud, cap. au 2ᵉ rég. des chass. d'Afrique.
Carron, lt. au 2ᵉ rég. des chass. d'Afrique.
G. Lagarde, lt. au 2ᵉ rég. des chass. d'Afrique.
Redon, cap. au 2ᵉ rég. des chass. d'Afrique.
Esvin, lt. de gendarmerie.
P. Latour, s.-lt. aux lanciers de la garde.
Vuillin, cap. au 20ᵉ rég. d'artillerie.
Fontaine, cap. du génie.
Sadoux, cap. du génie.
Velet, lt. du génie.
N. Choppin, s.-lt. au 3ᵉ r. de dragons.
Labory, cap. aux guides.

J. Courlin, lt. du génie.
Valantin, s.-lt. au 10ᵉ b.
Picard, s.-lt. au 55ᵉ de ligne.
Louvel de Maurear, s.-lt. au 10ᵉ b. de chasseurs.
Derrécagan, cap. d'ét.-m.
Médard, lt. au 66ᵉ de ligne.
De Mavill, cap. au 77ᵉ de ligne.
Ceccaldi, lt. au 66ᵉ de ligne.
Clementi, s.-lt. au 84ᵉ de ligne.
Amadis, cap. au 67ᵉ de ligne.
Pallox, vétérinaire en 1ᵉʳ au 7ᵉ rég. de cuirassiers.
Gravelle, lt. d'artillerie de l'ex-garde.
Biancardini, lt. au 63ᵉ de ligne.
Champain, 1ᵉʳ lt. au 63ᵉ de ligne.
Quitteray, cap.
Dossez, cap. aux chass. à pied.
L. Geny, lt. au 10ᵉ b. de chass. à pied.
Sauzet-Claris, lt. au 66ᵉ régiment.
Nicole, s.-lt. au 66ᵉ régiment.
Deléaye, lt. au 66ᵉ régiment.
Caussanel, s.-lt. au 11ᵉ dragons.
E. Tresse, lt. aux dragons de l'ex-garde.
Lardenois, s.-lt. aux dragons de l'ex-garde.
Poncet, s.-lt. au 53ᵉ de ligne.
Barestel, s.-lt. au 53ᵉ de ligne.
Pezaro, s.-lt. au 53ᵉ de ligne.

Berdoula, s.-lt. au 53ᵉ de ligne.
Jourin, s.-lt. au 53ᵉ de ligne.
J. Huard, lt. au 50ᵉ de ligne.
Th. Dureau, c. de mus. au 53ᵉ de lig.
Cupillard, c. de mus. au 53ᵉ de lig.
Leboisne, lt. au 26ᵉ de ligne.
De Laupinet, lt. au 26ᵉ de ligne.
Deflin, lt. au 26ᵉ de ligne.
Clopin, lt. au 26ᵉ de ligne.
Arnould, s.-lt. au 86ᵉ de ligne.
Dominique, s.-lt. au 86ᵉ de ligne.
Rupert, lt. au 96ᵉ de ligne.
Bonade, lt. au 96ᵉ de ligne.
Guinez, lt. au 96ᵉ de ligne.
Devau, lt. au 96ᵉ de ligne.
Schaffer, lt. au 96 de ligne.
Bongoz, s.-lt. au 96 de ligne.
Prétot, s.-lt. au 96ᵉ de ligne.
Witmar, s.-lt. au 96ᵉ de ligne.
Dagniac, s.-lt. au 96ᵉ de ligne.
Ture, s.-lt. au 96ᵉ de ligne.

Meric de Bellefont, s.-lt. au 18ᵉ de l.
Wirtz, s.-lt. au 18ᵉ de ligne.
Chenut, lt. au 89ᵉ de ligne.
Casenave, s.-lt. au 86ᵉ de ligne.
Tiersonnier, lt.-col. d'ét.-m.
P. Dietrich, cap. au 63ᵉ de ligne.
E. Broussey, cap. au 63ᵉ de ligne et à celle de Breslau, insérée le 13.
A. Sauldubois, lt. au 11ᵉ de ligne.
Argoud, cap. au 77ᵉ de ligne.
Chapuis, cap. au 77ᵉ de ligne.
G. Barry, lt. au 77ᵉ de ligne.
G. Fraissynaud, lt. au 77ᵉ de ligne.
Allègre, lt. au 4ᵉ chass. à cheval.
Clément, cap. au 5ᵉ rég. d'artillerie.
Brenger, cap. au 77ᵉ de ligne.
Bonnaud, lt. au 87ᵉ de ligne.
René Lannes de Montebello, lt. au 85ᵉ de ligne.
F. Valette, cap. à l'ex-26ᵉ de ligne.

« Hambourg et Altona, 2 décembre 1870.

» *A M. le rédacteur en chef de* L'INDÉPENDANCE.

» Pendant que notre pays fait des efforts énergiques pour repousser l'étranger, le parti bonapartiste cherche à y fomenter la dissension par le bruit d'une restauration impériale, secondée par l'armée française prisonnière en Allemagne.

» Nous, prisonniers de guerre, nous protestons contre de pareilles manœuvres, et nous déclarons que nous ne nous associerons jamais, ni maintenant, ni plus tard, à une entreprise de ce genre contre la volonté de la nation.

» Nous avons l'honneur de vous prier de vouloir bien insérer cette protestation.

» Agréez, monsieur le rédacteur en chef, l'assurance de notre considération la plus distinguée. »

Comte de Chanaleilles, général de brigade.
De Courcy (?), général.
A.-C. Péchot, général de brigade.
J. Lewal, col. d'état-m.
Samuel, c. d'esc. d'état-m.
L. Pippra, c. d'esc. d'état-m.
De Salles, cap. d'état-m.
Foucher, cap. d'état-m.
Girard, cap., 2ᵉ de ligne.
Leslay, officier.

G. Lagard, lt. au 2ᵉ chass. d'Afrique.
F. Bergasse, s.-lt. au 3ᵉ lanciers.
Rédove, cap. au 2ᵉ chass. d'Afrique.
Petit, lt. au 96ᵉ de ligne.
Pinel, cap. aux zouaves.
G. Delaire, s.-lt. de la garde mobile.
G. Dutaille, s.-lt. de la garde mobile.
Hamon, s.-lt. aux zouaves de la garde.
Triarel, cap. adj.-m. au 2ᵉ de ligne.
J. Pintart, lt. du génie.
Tarou, cap.

Réveilhas, cap. au 97e de ligne.

L. Marchand, cap. au 2e voltigeurs de la garde.

Dumon, cap. au 1er voltigeurs de la garde.

Bogé, cap. aux guides.

P. de La Torc, s.-lt. aux lanciers de la garde.

C. Pesme, lt.-col. au 4e chasseurs.

Bousson, c. d'esc. au 4e chasseurs.

Stoffel, cap. d'artillerie.

Henoc, cap. d'artillerie.

Limeux, cap. aux grenadiers.

E. Molas, c. de b. au 66e de ligne.

Gobaud, c. de b. au 66e de ligne.

Clara, cap. au 20e b.

Ch. Crotet, cap. aux cuirassiers de la garde.

Guelle, lt. au 41e de ligne.

G. Regnard, s.-lt. au 41e de ligne.

De Coilat, cap. au 2e b.

Lurbord, cap. aux cuirassiers de la garde.

Jacquot, cap. au 4e rég. de chasseurs.

C. Mathieu, cap. au 2e de ligne.

Pinson, cap. au 2e de ligne.

Centroz, cap. au 15e d'artillerie.

Schœffer, cap. au 23e de ligne.

Reboux, lt. au 23e de ligne.

E. Daudignac, lt. au 23e d'infanterie.

Pignaut, s.-lt. aux carabiniers.

De Gerault de Langalerie, lt. aux carabiniers.

Ledelet, lt. au 2e de ligne.

A. de la Ferte, cap. d'état-m.

R. de Kerdrel, cap. d'état-m.

S. Alphanci, s.-lt. au 55e de ligne.

Robert, lt. au 55e de ligne.

A. de Barbery, lt. d'artillerie.

L. Mayte, cap. au train des équipag.

E. Lerond, cap. au 7e hussards.

De Godier, s.-lt. au 4e chass. à cheval.

E. Canon, s.-lt. au 4e chass. à cheval.

Algan, cap. au 20e b. de chasseurs.

Gayet, cap. au 20e b. de chasseurs.

E. Costa Verda, cap. d'état-m.

Carrère de Nabat, cap. au 12e dragons.

R. de Pins, s.-lt. au 12e dragons.

Peirre, s.-lt. au 5e chasseurs.

R. Creyton, cap. au 3e lanciers.

Saucerive, cap. au 92e de ligne.

X. Pittrison, s.-lt. au 5e r. d'artillerie.

Fabry, vétérinaire en 1er au 4e chass.

Ed. Theillier, lt. au 20e b. de chass.

Curieque, lt. au 20e b. de chasseurs.

Coillot, cap. comm. la 9e batterie du 20e rég. d'artillerie.

Vuillin, cap. comm. la 8e batterie du 20e rég. d'artillerie.

Laussucq, cap. aux guides.

Mieris, c. de b. au 1er grenadiers.

H. Falle, cap. comm. au 2e chass. d'Afrique.

Cruzier, lt. au 77e de ligne.

H. Honnissec, c. d'esc. de gendarmerie.

L. Pelletan, s.-lt. au 2e de ligne.

Torez-Lasoult, s.-lt. au 3e lanciers.

E. Pesson, lt. au 3e lanciers.

Hugo, lt. au 67e de ligne.

Jeanne, lt. au 67e de ligne.

Naudin, s.-lt. au 67e de ligne.

Geoffroy, cap. au 77e de ligne.

Colas, lt. au 8e de ligne.

Robert, lt. au 8e de ligne.

Genin, lt. au 8e de ligne.

Bonavita, s.-lt. au 8e de ligne.

A. Desgrées du Lou, cap. au 12e dragons.

Parant, cap. au 84e de ligne.

E. Cavel, aide-vétérinaire au 4e chasseurs.

G. Raviez, vétérinaire au 2e rég. des guides de la garde.

J. Chery, cap. à l'ét.-m. du génie.

L. Favre, lt. au 19e de ligne.

De Boistel, cap. au 84e d'infanterie.

Bellier, cap. au 8e d'artillerie.

Précheur, lt. au 54e de ligne.

De Belleson Roger, lt. au 54e de lig.

Bourges, cap. au 4e chasseurs.

G. Vadon, cap. adj.-m. au 67e de lig.

J. Roques, cap. aux carabiniers de l'ex-garde.

A. de Francy, s.-lt. au 91e de ligne.

Bulaut, s.-lt. au 4e chasseurs.

Dhaine, s.-lt. au 33e de ligne.

Ramon, cap. au train.

A. Sovaudon, officier d'administration.

Domeyer, s.-lt. au 3e de train.

Morin, cap. au 12e dragons.

Urguelti, cap. au 3e lanciers.

A. Ducros, cap. au 12e dragons.

H. Charpentier, cap. au 4e de chass.

Chapert, lt. d'artillerie.

Viriton, lt. d'artillerie.

Stncau, c. de mus. du 77e de ligne.

Petitot, lt. au 55e de ligne.

Renoux, lt. au 50e de ligne.

Choppin, s.-lt. au 8e dragons.

Garaud, comm. du génie, 1re division, 6e corps.

F. Pourailly, lt. au 54e de ligne.

Bronnir, s.-lt. au 2e b. des chass. à pied.

H. Tinel, lt. au 3e grenadiers.

Imbert, lt. au 66e de ligne.

Remond, officier d'administration.

V. Suire, cap. au 54e de ligne.

Laramé, lt. au 66e de ligne.

Sonthoirax, s.-lt. au 66e d'infanterie.

Legrand, officier d'administration.

Amadet, cap. au 67e de ligne.

Deguilhem, s.-lt. au 66e de ligne.

Clémenti, s.-lt. au 84e de ligne.

De Boistel, cap. au 84e de ligne.

D'Hugues, lt. au 84e de ligne.

Schison, lt. au 55e de ligne.

Cauvet, lt. au 55e de ligne.

Luguel, s.-lt. au 55e de ligne.

Guillomu, cap. au 1er grenadiers.

Luccini, lt. au 55e de ligne.

Berquin, lt. au 5e rég. d'artillerie.

Pellissier, lt. au 17e rég. d'artillerie.

Chabal, lt. au 59e de ligne.

Choisy, garde d'artillerie.

Berthon, garde d'artillerie.

Lauzière, lt. au 3e grenadiers.

Chelin, cap. au 3e lanciers.

L. Laroche, s.-lt. au 3e lanciers.

Duclos, lt. au 1er de ligne.

Farat, s.-lt. au 3e voltigeurs.

L. Huet, cap. au 4e d'artillerie.

Dodard, vétérinaire en second au 2e train d'artillerie.

Gabert, lt. au 54e de ligne.

A. Griser, s.-lt. au 54e de ligne.

Renau, lt. au 54e de ligne.

Nicol, lt. au 54e de ligne.

Guibert, lt. au 54e de ligne.

A. Morand, cap. au 3e grenadiers.

Zabern, s.-lt. au 54e de ligne.

E. Pauliae, lt. au 55e de ligne.

Lougére, s.-lt. au 3e lanciers.

C. Adrian, s.-lt. au 3e lanciers.

M. Frachet, lt. au 66e de ligne.

Deiss, s.-lt. au 66e de ligne.

Chaussée, col., 7e hussards.

A. Latour, c. de b. à l'ét.-m. du génie.

Prunaire, c. d'esc. au train d'artill.

Massa, c. de b., 63e de ligne.

Faure, c. de gendarmerie.

Marchal, c. d'artill. de l'ex-garde.

P. Marmier, s.-lt. du génie.

de Maynard, lt. 7e hussards.

E. Lancelot, *G. Lancelot*, s.-lts. 7e hussards.

Keller, c. 1er b. du génie.

Briffaut lt. du génie.

Guérinat, lt. 7e hussards.

Baudelaire, c. 1er génie.

Thénard, c. génie.

Tartrat, c. 1er génie.

Berger, c. 1er génie.

Bruneau, c. 1er génie.

De la Monnerraye, s.-lt. 3e chasseurs.

Bernard, lt. génie.

Constant, lt. génie.

Dolot, lt. génie.

Poncelet, c.. 1er du train.

Eenard, lt. 2e d'artillerie.

Regnier, c. 5e b. de chass. à pied.

Maulban, c. 67e ligne.

Donnier, c. 44e ligne.

Dulieux, c. 1er du train.

L'Hôtellerie, c. 2e grenadiers.

Koch, s.-lt. d'artillerie.

Prayot, lt., 1er du train d'artillerie, internés à Hambourg.

Potilliot, c. de gendarmerie.

« Hambourg, 9 décembre 1870.

» Monsieur,

» Si je n'écoutais que mon indignation il y a longtemps que j'aurais répondu aux articles du *Drapeau*.

» Les officiers internés ici vont chercher leurs lettres aux bureaux de la commandature, et chaque jour je suis heureux d'entendre les propos que l'on tient sur le nouveau journal bonapartiste et ses rédacteurs.

» Les oreilles doivent singulièrement tinter rue de l'Ecuyer et d'une manière peu agréable.

», Je crois que ces messieurs feraient bien de cesser tout envoi avant de bien connaître les personnes à qui les numéros sont adressés.

» H. CHOPIN, s.-lt., 3e dragons. »

« Hambourg, 24 décembre 1870.

» Nous protestons de toutes nos forces contre les odieuses prétentions du parti bonapartiste et les calomnieuses insinuations des conspirateurs de Wilhemshœhe. »

. . . .

. . . .

Charlois, c. de b. 55e de ligne.   *Dutheil*, s.-lt. 55e ligne.
Espiau, c. 55e ligne.

ISERLHON.

«Iserlhon (Wesphalie), 27 décembre.

» *A M. le rédacteur en chef de* L'INDÉPENDANCE.

» Nous avons l'honneur de vous prier de vouloir bien joindre nos noms à ceux de nos camarades, prisonniers de guerre en Allemagne, qui ont déjà protesté contre certaines menées tendant à disposer l'armée prisonnière à appuyer la restauration bonapartiste et n'ayant actuellement d'autre but que d'entraver la défense nationale.

» Spectateurs impuissants de la plus héroïque des luttes, nos vœux ne sont que pour la France et pour les hommes qui défendent si vaillamment le sol natal.

» Recevez, etc. »

J. Richard, c. du génie.   *Pipert, Lefèvre, Gardère, Schmitz,*
Piette, lt. du génie.   *Bertignon, Affre,* s.-lts. au 2e chass.
Allote de la Fuye, c. du génie.   d'Afrique.
Renaud, c. du génie.   *Vigarous*, lt. 2e voltigeurs.
Heysoh, lt. 2e chass. d'Afrique.   *A. Sainlotte*, lt. 3e chasseurs.
De Bou nazes, lt. 2e chass. d'Afrique. *Mertz*, lt. de remonte.

KŒNIGSBERG.

« Kœnigsberg, 14 décembre 1870.

» Nous protestons avec énergie contre l'idée d'une restauration bonapartiste que certaines personnes prêtent à l'armée française prisonnière de guerre en Allemagne. La France a maintenant, plus que jamais, le droit de compter sur l'union et le concours de ses enfants, et certes nous ne trahirons pas sa confiance. »

Ollivier, c. adj.-m. 2ᵉ tiraill. algériens.
Collot, c. adj.-m. 2ᵉ tiraill. algériens.
Droz-Desvoyes, s.-lt. 2ᵉ tirailleurs.
D'Aurelles de Paladine, s.-lt. 2ᵉ tirailleurs.
Brager, s.-lt. 2ᵉ tirailleurs.

de Saussac, s.-lt. 2ᵉ tirailleurs.
Brunet, c. 2ᵉ tirailleurs.
Marquiset, lt. 2ᵉ tirailleurs.
A. de Lacombe, s.-lt. 2ᵉ cuirassiers.
Brewuski, s.-lt. 2ᵉ tirailleurs.
Vagnon, c. 2ᵉ chasseurs.

« Kœnigsberg, 15 décembre 1870.

» D'odieuses insinuations tendent à présenter l'armée prisonnière en Allemagne comme pouvant servir à imposer au pays une restauration bonapartiste.

» De pareilles calomnies ne nous atteignent pas, mais elles peuvent avoir une fâcheuse influence sur les efforts héroïques de la France et sur la décision qu'elle prendra par le prochain plébiscite.

» Que les défenseurs de notre patrie le sachent donc bien : soldats de la nation, nous ne sommes pas ceux d'un homme et nous n'obéirons qu'au pouvoir qui sera librement élu par le pays. »

C. Henriot, c. 8ᵉ b. de chasseurs.
L. Georgé, offic. de chass. à pied.
Petitjean, lt. 3ᵉ zouaves.
S. Meistertzheim, s.-lt. 8ᵉ chass.
A. Launois, lt. 8ᵉ b. chasseurs.
Hipperlen, officier d'administration.
A. de Maussion, c. 3ᵉ zouaves.
J. Lagardère, lt., 3ᵉ zouaves.
Kobell, lt. 36ᵉ de ligne.

H. Pihet, lt. 36ᵉ de ligne.
J. Muller, c. 8ᵉ b. chasseurs.
E. Gyss, c. 8ᵉ b. chasseurs.
Fontaine, s.-lt. 17ᵉ chass.
Rouzaud, lt. 2ᵉ b. chasseurs.
C. Pauchet, s.-lt. 8ᵉ b. chasseurs.
Cirstereau, c. 2ᵉ tirailleurs.
L'Hermitte, lt. 8ᵉ b. chasseurs.
E. Eichmann, lt. 3ᵉ zouaves.

LEIPZIG.

Nous extrayons ce qui suit d'une protestation qui a été envoyée au journal *le Drapeau*.

La longueur de ce document nous empêche de le donner en entier, mais les passages que nous reproduisons en feront facilement comprendre l'esprit et les tendances.

« Leipzig, 18 décembre 1870.

. . . .

» Vous jouez astucieusement sur les mots et vous mettez toute votre mauvaise volonté à ne pas vouloir comprendre le véritable sens d'une protestation signée par un grand nombre d'officiers prisonniers en Allemagne, bien que cette protestation, partie de différentes villes de l'Allemagne et reproduite à diverses reprises par *l'Indépendance belge*, ne laisse aucun doute sur sa véritable signification.

» Ne cherchez pas à vous bercer d'illusions et n'essayez pas de corrompre le sens de cette protestation toute patriotique; nous sommes tous convaincus que le parti bonapartiste s'est rendu impossible en France, et si vous n'en voyez pas les raisons qui crèvent les yeux, tant pis pour vous.

. . . .

» Cessez donc votre polémique malsaine. Gardez pour vous vos machinations et votre rage, et ne cherchez pas à jeter la discorde parmi nous. Nous sommes tous soldats de la France, de la France qui souffre, mais qui se défend. »

Berger, greffier du conseil de guerre.

Diemer, cap. de la g. mob. du Bas-Rhin.

Latscha, lt. de la g. mob. du Bas-Rhin.

Thuet, lt. de la g. mob. du Bas-Rhin.

Saas, lt. de la g. mob. du Bas-Rhin.

Weisgerber, lt. de la g. mob. du Bas-Rhin.

Wessang, lt. de la g. mob. du Bas-Rhin.

Klein, lt. de la g. mob. du Bas-Rhin.

Buhler, lt. de la g. mob. du Bas-Rhin.

Gersbach, lt. de la g. mob. du Bas-Rhin.

Kuney, s.-lt. de la g. mob. du Bas-Rhin.

Schlumberger, s.-lt. de la g. mob. du Bas-Rhin.

Jordan, s.-lt. de la g. mob. du Bas-Rhin.

Thomas, s.-lt. de la g. mob. du Bas-Rhin.

Ortheb, s.-lt. de la g. mob. du Bas-Rhin.

Ritznthaler, s.-lt. de la g. mob. du Bas-Rhin.

Walfflin, s.-lt. de la g. mob. du Bas-Rhin.

Weibel, s.-lt. de la g. mob. du Bas-Rhin.

Felgire, s.-lt. 4e de ligne.

E. Lotscha, c. de mus.

Storck, H. Schwartz, A. Stœklin, Klein, E. Gerard, offic. d'artillerie.

Dupommier, s.-lt. du génie.

Stef, s.-lt. de la mob. de la Meurthe.

Bouvard, s.-lt. de la mob. du Rhône.

Granru, s.-lt. 16e de ligne.

Darfit, s.-lt. 16e de ligne.

Tugot, s.-lt. 4e d'infanterie de marine.

Maurer, lt. 85e de ligne.

Kluckauf, s.-lt. 85e de ligne.

LIEGNITZ.

« Liegnitz, 20 décembre 1870.

» Les officiers du 100ᵉ de ligne, dont les noms suivent, protestent contre toute idée de restauration bonapartiste, sans l'assentiment de la nation, pour laquelle nous faisons les vœux les plus sincères. Vive la république ! »

Jaubert-Abdon, c., 100ᵉ de ligne.
Vallot et Voterrin, lts., 100ᵉ de lig.
Coing et Falconetti, s.-lts. 100ᵉ de ligne.

LUBECK.

« Lubeck, 17 décembre 1870.

» *A M. le rédacteur en chef de* L'INDÉPENDANCE.

» On a osé émettre l'idée d'une restauration imposée à la nation, à l'aide de l'armée prisonnière en Allemagne. Nous, prisonniers de guerre, protestons avec énergie contre une semblable entreprise. La France seule a droit à notre dévouement. Vive la défense nationale ! »

V. Bourguignon, cap. au 13ᵉ de lig.
Dyonnet, cap. au 13ᵉ de ligne.
Santy, cap. au 67ᵉ de ligne.
Capédenat, cap. au 32ᵉ de ligne.
Debain, cap. au 55ᵉ de ligne.
Moreau, cap. au 66ᵉ de ligne.
Didier, cap. au 13ᵉ de ligne.
Estrabant, cap. au 8ᵉ de ligne.
Bertaut, lt. d'artillerie.
Bertaut, cap. d'artillerie.
Gillet, cap., 13ᵉ de ligne.
E. Troupet, lt., 13ᵉ de ligne.
Lamothe, lt., 13ᵉ de ligne.
Lentonnet, lt., 13ᵉ de ligne.
Donnéve, cap., 77ᵉ de ligne.
Devaureix, lt., 66ᵉ de ligne.
D'Agon de Lacontrie, cap., 55ᵉ de lig.
Brossard, de Rossenroy, cap., 55ᵉ de ligne.
Gillet, cap. d'artillerie.
Maupoil, lt., 32ᵉ de ligne.
Bailly, s.-lt., 13ᵉ de ligne.
E. Loyer, lt., 54ᵉ de ligne.
Lecuir, lt. d'artillerie.
A. de Marce, lt., 13ᵉ de ligne.
Méry, cap., 13ᵉ de ligne.
Plagniol, s.-lt., 45ᵉ de ligne.
Schmitt, 97ᵉ de ligne.
Portier, cap., 13ᵉ de ligne.
Genet, lt. d'artillerie.
De Fleury, cap., 5ᵉ b. de chasseurs.
De Traverray, cap., 5ᵉ b. de chass.
Molle, s.-lt., 5ᵉ b. de chasseurs.
Clère, s.-lt., 5ᵉ b. de chasseurs.
De Saint-Aulaire, lt. au 15ᵉ de ligne.
Ponniene, s.-lt. au 1ᵉʳ r. d'artillerie.
Ratier, s.-lt. au 64ᵉ de ligne.
Vedel, offic. d'administration.
Raguin, s.-lt. au 13ᵉ de ligne.
Picard, s.-lt. au 13ᵉ de ligne.
Guillerin, lt. aux lanciers de l'ex-garde.
Carlier, s.-lt. au 13ᵉ de ligne.
Vedel, cap. au 97ᵉ de ligne.
G. Faure, lt. au 5ᵉ d'artillerie.
Prion, lt. au 1ᵉʳ d'artillerie.
Tadieu, cap. au 8ᵉ de ligne.
Baudu, cap. au 59ᵉ de ligne.
Casanova, cap. au 57ᵉ de ligne.
E. Chapon, s.-lt. au 57ᵉ de ligne.
Vallet, s.-lt. au 54ᵉ de ligne.
Sangouard, s.-lt. au 3ᵉ dragons.

Perrette, s.-lt. au 57ᵉ de ligne.
Le Breton, s.-lt. au 13ᵉ de ligne.
Labrousse, s.-lt. au 13ᵉ de ligne.
Loustallot, c. de mus. au 64ᵉ de lig.
Mahé, lt. au 84ᵉ de ligne.
Revelle, s.-lt., 57ᵉ de ligne.
Husson, s.-lt., 3ᵉ dragons.
Papillier, vétérinaire, 3ᵉ dragons.
E. Rebout, s.-lt., 84ᵉ de ligne.
E. Clèse, s.-lt., 5ᵉ chass. à pied.
Dubreuil, lt., 84ᵉ de ligne.
Chaussade, cap. adj.-m., 15ᵉ de lig.
Autagne, cap., 8ᵉ de ligne.
Thiébaudot, lt., 8ᵉ de ligne.
Aianconi, s.-lt., 8ᵉ de ligne.
E. Parent, lt., 13ᵉ de ligne.
Guérin, lt., 57ᵉ de ligne.
Montignault, cap., 8ᵉ de ligne.

J. Fischer, s.-lt. aux lanciers de l'ex-garde.
Grangier, lt., 13ᵉ de ligne.
Heydt, cap., 17ᵉ d'artillerie.
Alméras, lt., 17ᵉ d'artillerie.
Sacquemin, lt., 17ᵉ d'artillerie.
Hoummel, cap., 17ᵉ d'artillerie.
A. de Saint-Germain, cap., 1ᵉʳ d'artillerie.
H. d'Aupias, lt. 54ᵉ de ligne.
De Saint Roman, lt., 97ᵉ de ligne.
Falvre, offic. d'administration.
Turlet, lt., 13ᵉ de ligne.
Girard, lt., 17ᵉ d'artillerie.
Mercier, offic. d'administration.
Delung, lt., 64ᵉ de ligne.
M. A. Marchand, c., 8ᵉ de ligne.

MAGDEBOURG.

« Magdebourg, 2 décembre 1870.

» *A M. le rédacteur en chef de* L'INDÉPENDANCE.

» A l'heure des efforts héroïques du pays, il ne faut pas qu'une inquiétude énerve les espérances.

» Le parti bonapartiste parle d'une restauration secondée par nous ; c'est une illusion ou une calomnie.

» Que les défenseurs de notre chère patrie le sachent bien, l'armée française n'appartient qu'à la France, la France seule pourra en disposer.

» Les volontés de la nation seront nos ordres.

» Puisse le serment d'obéissance que nous lui faisons ici être son encouragement dans le présent et sa sécurité pour l'avenir ! »

Cachet, lt. au 30ᵉ de ligne.
Godard, lt. au 30ᵉ de ligne.
L. Boyard, s.-lt. au 30ᵉ de ligne.
Veillon, s.-lt. au 30ᵉ de ligne.
C. Tournier, cap. au 30ᵉ de ligne.
Mamobordes, cap. au 27ᵉ de ligne.
J. Campi, lt. au 27ᵉ de ligne.
F. Sudré, lt. au 27ᵉ de ligne.
De Grillion, lt. au 27ᵉ de ligne.
Civelli, s.-lt. au 30ᵉ de ligne.
J. Verchère-Carré, cap. adj.-maj. au 27ᵉ de ligne.

Hennon, lt. au 27ᵉ de ligne.
Chiffaud, lt. au 27ᵉ de ligne.
Chatelain, lt. au 27ᵉ de ligne.
Lainé, s.-lt. au 27ᵉ de ligne.
Velcour, cap. au 27ᵉ de ligne.
Luyssaer, s.-lt. au 27ᵉ de ligne.
Demange, cap. au 76ᵉ de ligne.
Gilot, cap. au 76ᵉ de ligne.
Marc, cap. au 2ᵉ zouaves.
A. Grasset, cap. au 2ᵉ zouaves.
Rousseau, cap. au 2ᵉ zouaves.
Mainchau, cap. au 2ᵉ zouaves.

Colin, lt. au 27e de ligne.
Crosse, lt. au 27e de ligne.
Merlet, lt. au 2e zouaves.
Herson, lt. au 2e zouaves.
Munceau, s.-lt. au 2e zouaves.
Dardaine, cap. au 3e rég. du génie.
Bailly, cap. au 3e rég du génie.
Marinier, cap. au 2e du génie.
Quantin, lt. au 3e du génie.
Pinsonnière, lt. au 2e du génie.
Biroard, lt. au 2e du génie.
Besançon, lt. au 2e du génie.
De Villèles, lt. au 2e du génie.
Canard, lt. au 3e du génie.

Poivet, lt. au 2e du génie.
Peyrol, s.-lt. au 2e du génie.
Ruef, cap. au 52e de ligne.
De Dartein, cap. au 52e de ligne.
Henriquet, cap. au 52e de ligne.
Sicard, cap. au 52e de ligne.
Bonnet, s.-lt. au 52e de ligne.
Wallebled, s.-lt. au 52e de ligne.
Manson, cap. au 36e de ligne.
Suzange, lt. au 47e de ligne.
Lagneaux, cap. adj.-maj. au 74e de ligne.
Patissier, cap. au 74e de ligne.
Morel, s.-lt. au 74e de ligne.

« Magdebourg, 13 décembre 1870.

» Nous vous prions de vouloir bien annoncer par la voie de votre estimable journal que nous ne partageons en aucune façon les idées d'une restauration bonapartiste que semble vouloir préparer le journal *le Drapeau.* »

. . . .

A. Vexiau, cap. au 82e de ligne.
L. Legrand, cap. au 82e de ligne.
Jean, cap. au 82e de ligne.
Alessandri, lt. au 82e de ligne.
Noussigna, lt. au 82e de ligne.

C. Viese, lt. au 82e de ligne.
Tilluit, lt. au 82e de ligne.
Brecht, Hiriart, Pacand, Cuñco d'Ornano, s.-lt., 82e de ligne.

. . . .

« Enfants de la France, nous ne pouvons servir d'autres intérêts que les siens ; tous nos vœux sont pour ces hommes de cœur et d'énergie qui n'ont pas désespéré du pays et dont le glorieux chef donne à tous, dans Paris, l'exemple du dévouement et de l'héroïsme. »

Béziat, lt.-col. du génie.
De Fayet, cap. d'état-maj.
De Gefirier, cap. d'état-maj.
Ch. Schasseré, cap. d'état-maj.
Fleury, cap. du génie.
Chaïé-Fontaine, cap. du génie.
Bouvier, cap. du génie.
Bureaux de Pusy, cap. du génie.
Potier, c. de b. du génie.
Mosbach, c. de b. du génie.
Combe, cap. du génie.
Coatsaliou, s.-lt., 6e chasseurs.
Bouic, s.-lt., 8e dragons.
A. d'Orléans, lt.-col. d'état-maj.
G. Reiss, cap. d'état-maj.

Darras, cap. d'état-maj.
A. Moll, c. de b. du génie.
Davenet, lt.-col. d'état-maj.
Denuex, cap. du génie.
Bugueray, cap., 5e hussards.
Lecure, lt., bataillon des Vosges.
Derché, lt., bataillon des Vosges.
Stoul, lt., bataillon des Vosges.
Delaporte, cap., 62e de ligne.
V. Alexandre, cap., 8e dragons.
Renard, cap., 8e dragons.
Dorivaut, c. d'esc.
Foyal, cap., 7e b. de chasseurs.
Vilfeu, cap., 4e dragons.
De Longchamp, cap., 8e dragons.

E. *Farre*, cap. au 2e lanciers.
E. *Legendre*, c. d'esc., 5e dragons.
G. *Vilar*, lt. au 66e de ligne.
Th. Vilar, lt. au 7e b. de chass.
Lechevalin, lt. au 69e de ligne.
Belin, s.-lt., 24e de ligne.
Turcas, s.-lt., 7e b. chass. à pied.
Liard, vét., 2e lanciers.

Boussin, lt., 8e dragons.
Poillex, cap., 10e de ligne.
Chauvaud, cap., train d'artillerie.
Litschfousse, cap. d'état-maj.
Tugnot de Lanoy, cap. d'état-maj.
Girard, lt., 2e dragons.
Desmazures, cap., 2e dragons.

« Magdebourg, 17 décembre 1870.

» *A M. le rédacteur en chef de* L'INDÉPENDANCE.

» Monsieur le rédacteur en chef de *l'Indépendance*,

» Nous avons l'honneur de vous adresser copie d'une lettre que nous envoyons au rédacteur en chef du journal *le Drapeau*. »

. . . .

« *A M. le rédacteur en chef du journal* LE DRAPEAU.

» Le mot *Drapeau* signifie pour nous : honneur militaire, fidélité et dévouement absolu à la patrie; pour vous, il veut dire : services à rendre au parti bonapartiste dont l'ineptie et l'imprévoyance ont causé les malheurs de la France.

» Vous voyez donc que nous ne pouvons nous entendre et vous ferez beaucoup mieux de ne plus nous envoyer gratis les numéros de votre journal.

» Nous croyons fortement que le plus grand malheur qui puisse arriver à la France est une restauration bonapartiste. »

. . . .

H. *Ezemar*, cap., 19e de ligne.
E. *Béranger*, lt., 17e de ligne.
P. *Lemoine*, lt., 17e de ligne.
Carrier, s.-lt., 17e de ligne.
Plique, cap., 17e de ligne.
Faron, cap., 17e de ligne.
De Caqueray, lt., 17e de ligne.

Marchand, lt., 17e de ligne.
Lourel, lt., 17e de ligne.
Barnier, s.-lt., 17e de ligne.
Baisses, lt., 17e de ligne.
De Lisle, lt., 17e de ligne.
A. *de Gaalon*, lt., 22e de ligne.
E. *Lancelin*, s.-lt., 22e de ligne.

« Magdebourg, 19 décembre 1870.

» *A M. le rédacteur en chef de* L'INDÉPENDANCE.

» Nous sommes inondés depuis quelque temps d'une publication qui nous ferait sourire de pitié, si elle ne nous soulevait de dégoût : nous avons nommé *le Drapeau*.

» Ce journal paraît avoir pour mission de fausser l'opinion publique sur les sentiments qui animent l'armée française prisonnière en Allemagne, et pour but évident une restauration bonapartiste.

» Laisser sans protester se continuer cette .... publication serait, dans une certaine mesure, s'en faire le complice et l'empêcher de tomber promptement sous le mépris public. »

. . . .

. . . .

Clercant, cap. d'inf. de marine.
Dehousse, lt. d'inf. de marine.
Bouchet, s.-lt. d'inf. de marine.
Dabat, s.-lt. d'inf. de marine.
Lassalle de Lescar, lt. d'inf. de m.
Simon Paul, officier franc-tireur.

Faucher, s.-lt., d'inf. de marine.
Ferctte, s.-lt., d'inf. de marine.
Béraud, lt. au 61e de ligne.
Bérand, lt. au 54e de ligne.
Bouguié, s.-lt., d'inf. de marine.
Boulland, lt., d'inf. de marine.

« Magdebourg, 20 décembre 1870.

» Nous partageons les sentiments de répulsion que les manœuvres odieuses du journal *le Drapeau* ont inspirés à un grand nombre de nos camarades et nous vous prions de vouloir bien joindre notre protestation publique aux leurs. »

. . . .

F. Edout, cap., 14e bat. de chass. à pied.
Selme, s.-lt., 18e de ligne.
Pihuit, lt., 13e de ligne.
L. Guirser, lt., 96e de ligne.
J. Loiseau, lt., 7e chass. à cheval.

N. Terrail, lt., 7e chass. à cheval.
Dehouste, lt., 3e de marine.
Dabat, lt., 3e de marine.
Cannel, lt., 2e tiraill. algériens.
Michel, lt., 14e bat. de chasseurs.

MAYENCE.

« Mayence, décembre 1870.

» Il y a quinze jours, le bruit s'était répandu que les familiers de Wilhemshœhe couraient les forteresses allemandes pour y sonder les prisonniers ; nous n'avons pas cru à cette démarche insensée. Aujourd'hui, nous recevons *le Drapeau*, journal de l'Empire, et nous haussons les épaules de pitié.

» Louis Bonaparte, ton temps est passé.

« A. DE HAUT, cap. adj.-major. »

3.

Les trois lettres suivantes, datées de Mayence, sont conçues dans le même esprit :

« Monsieur le rédacteur,

» Le fait de fonder et de rédiger un journal qui tend à restaurer le régime impérial en France, à décourager l'armée qui combat encore en amoindrissant ses succès, à susciter au gouvernement de la défense nationale des embarras dans l'accomplissement de sa mission de salut, doit être considéré par tout bon patriote comme un crime et une infamie.

» Le fait de rédiger ces articles odieux et de ne pas les signer constitue une lâcheté, et prouve surabondamment que les gens payés pour le faire sont des hommes tarés.

» Le fait d'envoyer ce journal et d'en proposer l'abonnement à l'armée, victime de ceux qui l'ont trahie et vendue, constitue une manœuvre infâme et attentatoire à l'honneur de l'armée française.

» Comme citoyen et comme officier français, je proteste de toutes mes forces contre la publication de cette feuille et contre les manœuvres bonapartistes.

» Un journal, le *Drapeau*, vient de paraître à Bruxelles ; il doit tomber sous le mépris et l'exécration de tout bon Français.

» Mayence, 30 novembre 1870.

» FÉLIX D'ASIES DU FAUR,
» Capitaine commandant les francs-tireurs, dits partisans du Gers. »

« Mayence, 4 décembre 1870.

» Monsieur le rédacteur,

» Je reçois depuis plusieurs jours, ainsi qu'un certain nombre de mes camarades, un numéro du *Drapeau*, journal bonapartiste, qui s'imprime à Bruxelles, et dont le but tend très-ouvertement à préparer une restauration.

» J'avais déjà eu connaissance de menées de ce genre ; n'en ayant été nullement l'objet, je m'étais, bien qu'indigné, abstenu de toute manifestation contraire à mon caractère.

» L'envoi réitéré du journal en question me crée le droit, me fait un devoir de protester énergiquement, en mon nom seul bien entendu, contre la complicité qu'on pourrait m'attribuer dans de pareilles intrigues.

» Ma protestation, sans prendre aucune couleur politique, est celle d'un soldat que révolte toute tendance française contraire aux efforts héroïques faits par mon pays, et qui déplore les causes auxquelles sont réellement dus les malheurs inouïs de la France, l'inaction forcée de dix mille officiers et de plus de 300 mille soldats, furieux les uns et les autres, on peut le dire sans crainte d'être démenti, de la position qui leur est faite.

» Je vous serai reconnaissant, monsieur, de vouloir bien insérer ma lettre dans votre prochain numéro.

» Veuillez agréer, M. le rédacteur, l'assurance de ma parfaite considération.

» DEADDE,

» Chef d'escadron d'état-major, prisonnier de guerre à Mayence. »

« Mayence, 1er décembre 1870.

» Monsieur le rédacteur,

» Voici deux jours que je reçois ici, où je me trouve prisonnier de guerre par suite de la capitulation de Strasbourg, un journal intitulé : *le Drapeau*, dont le but manifeste est de raccoler des recrues pour une restauration bonapartiste.

» Je n'ai pas besoin de vous dire avec quelle indignation la grande majorité des officiers prisonniers s'est prononcée contre les appréciations élucubrées par cette feuille.

» Prétendrait-on, par hasard, nous faire rentrer en France au milieu d'une guerre civile et en marchant sur les cadavres de nos compatriotes ?

» Prétendrait-on nous faire croire que le général Trochu est un traître parce qu'il n'a pas encore capitulé ?

» Qu'on ne s'y trompe pas. On ne disposera pas impunément de nos volontés et de nos consciences.

» Le temps du servilisme est passé; et si grande que soit notre douleur à l'aspect des malheurs de la patrie, plus grand encore est notre regret de ne pouvoir servir la République sur les champs de bataille.

» Croyez bien, Monsieur, qu'en m'exprimant ainsi, je ne suis que l'interprète fidèle de l'immense majorité des prisonniers, tant officiers que soldats.

» Recevez, Monsieur, l'assurance de toute ma considération.

» E. PERRET, capitaine au 3e zouaves.

« Mayence, 18 décembre 1870.

» *A M. le rédacteur en chef de* L'INDÉPENDANCE.

» Les officiers soussignés, considérant que le journal *le Drapeau* a osé déclarer que l'armée prisonnière se devait à ses anciens serments, fait qui constitue une tentative caractérisée d'embauchage au bénéfice d'intérêts dynastiques ;

» Considérant enfin qu'il est du devoir des militaires internés en Allemagne d'affermir le courage de la France en armes, en éloignant d'elle toute appréhension ultérieure de guerre civile, et en lui persuadant que nos vœux les plus ardents la suivent sur les champs de bataille où elle lutte pour la dignité et l'indépendance de la nation,

» Protestent contre l'ineptie et le manque de foi des paroles contenues dans *le Drapeau* et contre tout envoi gratuit ou non gratuit de cette feuille antinationale.

Perret, cap., 3e zouaves.
Doléac, lt., 3e chasseurs.
Lemaître, s.-lt. au rég. de marche de Strasbourg.
Ridon, s.-lt., 5e bat. de chasseurs.
Le Gal, lt., 5e bat. de chasseurs.
Renaud, cap., 19e de ligne.
Sermet, cap., 19e de ligne.
Lasserre, s.-lt., 19e de ligne.
Cornely, lt., 2e zouaves.
Rouyer, cap., 57e de ligne.
A. de Boissy, lt. au 6e dragons.
Mazerat, lt., au 6e dragons.
Lartigue, cap , 96e de ligne.
Lebenetier, offic. au 2e hussards.
Ginelbrecht, cap. au 2e hussards.
Sensfelder, s.-lt. au 2e hussards.
Valès, lt., 2e tirailleurs algériens.
Bontoux, lit., 2e tirailleurs algériens.
Breton, lt., 90e de ligne.
Lapra, cap., 96e de ligne.
De Brossard, lt au 2e tirailleurs algériens.
Moreau, s.-lt au 78e de ligne.
Lavenaut, s.-lt au 96e de ligne.
Du Colombier, s.-lt. au 4e chass. à cheval.
Poncelet, c. de b. au 81e de ligne.
Delucq, adj.-maj. au 81e de ligne.

Eymery, lt. au 2e hussards.
Roux, s.-lt. au 2e hussards.
Ballic, lt. au 2e hussards.
Coutance, lt., 1er d'artillerie.
Dewinck, lt., 1er d'artillerie.
Drouilly, vét., 1er d'artillerie.
Ségondat, lt., 1er d'artillerie.
Loriferne, lt., 75e de ligne.
Venture, s.-lt., 75e de ligne.
Will, cap., 73e de ligne.
Richard, cap., 3e dragons.
Quinemant, c. de b., 4e de ligne.
Monnier, lt., 1er d'artillerie.
Hoblinger, s.-lt., 45e de ligne.
Mouchet, cap., 10e chass. à cheval.
Bourgues, lt., 3e dragons.
Lavoignet, lt., 6e de ligne.
C. Lambert, cap., 33e de ligne.
André, cap., 3e dragons.
Mandonnet, s.-lt., 11e dragons.
Moreau, s.-lt., 83e de ligne.
Mathieu, cap. d'artillerie.
Torel, cap., 11e dragons.
Cristine, cap., 2e chasseurs à pied.
Moat, cap., 52e de ligne.
Ribau, s.-lt. au 2e dragons.
Barjou, cap. d'artillerie de la garde.
Albenque, cap. au 17e d'artillerie.
Dubot, s.-lt. au 86e de ligne.

Hillion, cap. au 98e de ligne.
Julien, lt. au 98e de ligne.
Villa, lt. au 5e bat. de chass. à pied.
De la Roque, lt., 10e de chasseurs
 à cheval.

Galbruner, cap., 10e de chasseurs
 à cheval.
Richard, officier d'administration.
Poyard, chef de bataillon.
Naulot, c. d'esc., 2e dragons.

« Mayence, 19 décembre 1870.

» Monsieur le rédacteur,

» Voici un fait que je porte à la connaissance de tous mes camarades, prisonniers en Allemagne :

» J'ai vu ici, à Mayence, pendant trois jours, venant de Londres, Cologne, Coblentz, ayant passé par Wilhemshœhe, allant à Wiesbaden, Stuttgard, Munich, Ulm, Dresde et Leipzig, un étranger, se recommandant d'une lettre autographe de l'empereur que j'ai lue.

» Cette personne met en avant des projets de restauration et s'étonne de trouver si peu d'attachement personnel pour Napoléon III dans l'armée ; elle vante le courage de l'empereur à Sedan, et dit peu de bien des membres du gouvernement de la défense nationale.

» Nous savions depuis longtemps que notre souverain déchu avait le génie de l'intrigue ; mais nous espérions qu'il ne chercherait pas maintenant à préparer une restauration qui amènerait infailliblement la guerre civile.

» Mais tôt ou tard le masque tombe, le héros s'évanouit, l'aventurier reste.

» Veuillez agréer, monsieur le directeur, l'assurance de mes sentiments distingués.

» A. DE HAUT, capitaine d'état-major. »

« Mayence, 25 décembre 1870.

» *A M. le rédacteur en chef de* L'INDÉPENDANCE.

» Les officiers français soussignés, prisonniers de guerre à Mayence, regardent comme un devoir de déclarer publiquement :

» 1° Qu'ils protestent contre toute manœuvre qui tendrait à imposer à la France, contrairement à sa volonté, un gouvernement quel qu'il fût, à l'aide de l'armée prisonnière en Allemagne ;

» 2° Qu'ils sont remplis de reconnaissance et de sympathie pour le gouvernement de fait qui n'a pas désespéré du salut de la patrie et qui oppose à l'invasion une résistance toujours renaissante et à laquelle ils ne peuvent, malheureusement, s'associer que par leurs vœux. »

J. de Brauer, général de brigade.
Fournier, général de brigade.
Bressonet, colonel du génie.
Stroltz, col. du 33ᵉ de ligne.
A. de Franchessin, lt.-col. d'art.
Guillemin, lt.-col. du 15ᵉ de ligne.
Bézard, lt.-col. du 97ᵉ de ligne.
E. Lafouge, c. d'esc. d'état-major.
Poncelet, c. de b., 81ᵉ de ligne.
Malcor, c. de b., 29ᵉ de ligne.
E. Lafon, comm. le 15ᵉ bat. de ch. à pied.
Quinemant, c. de b., 4ᵉ de ligne.
C. Fulcrand, c. de b. du génie.
Lemoine, c. de b., 68ᵉ de ligne.
Boucher, c. de b. du génie.
Naulot, c. d'esc., 2ᵉ dragons (provisoirement aux lanciers de la garde).
Mougin, cap. du génie.
P. Godain, cap., 37ᵉ de marche.
A. de Haut, cap. d'état-major.
O. La Saulai, cap., 50ᵉ de ligne.
Proth, cap., 17ᵉ d'artillerie,
Favréaux, cap, 87ᵉ de ligne.
Delucq, cap. adj. maj., 81ᵉ de ligne.
Pessonneaux du Puget, cap., 87ᵉ de ligne.
Berdet, cap., 88ᵉ de ligne.
De Somer, cap., 88ᵉ de ligne.
Christine, cap., 2ᵉ bat. de chass. à pied.
Jouglas, cap., 2ᵉ bat. de chass. à pied.
Wile, cap., 73ᵉ de ligne.
Bonnefon, cap., 83ᵉ de ligne.

Proust, cap., 8ᵉ chasseurs à pied.
E. Schmitt, cap. du génie.
Mallenfant, cap., 72ᵉ de ligne.
Cunault, cap., 7ᵉ d'artillerie.
De Franchessin, cap., 7ᵉ d'artillerie.
Gouiran, cap. adj-maj., 54ᵉ de ligne.
Crépau, cap. du génie.
Mathieu, cap. d'artillerie.
Lambert, cap, 87ᵉ de ligne.
Senés, cap., 87ᵉ de ligne.
Lelong, lt. d'artillerie.
G. Tétard, lt. du génie.
Berthaux, lt., 5ᵉ bat. de ch. à pied.
A. Cansois, lt., 87ᵉ de ligne.
Loriferne, lt., 75ᵉ de ligne.
Rendu, lt., 52ᵉ de ligne.
Malbert, lt., 68ᵉ de ligne.
De Latour, lt., 99ᵉ de ligne.
Huguet, lt. d'artillerie.
Blanckeman, lt., 64ᵉ de ligne.
Bontoux, lt. aux tirailleurs.
J. Verlère, lt., 2ᵉ tirailleurs.
A. Pommerai, lt. du génie.
Passebois, officier d'ordonnance.
Bureau, s.-lt., 21ᵉ de ligne.
Vendure, s.-lt., 75ᵉ de ligne.
A. Baudin, s.-lt., 47ᵉ de ligne.
Bertonière, s.-lt., 89ᵉ de ligne.
Guimon, s.-lt., 18ᵉ de ligne.
De Saint-Germain, s.-lt., 96ᵉ de lig.
Pares, s.-lt, 17ᵉ de ligne.
Cavaillon, s.-lt, 63ᵉ de ligne.
Lalane, s.-lt., au 9ᵉ d'artillerie.
Camentron, s.-lt., d'artillerie.

« Mayence, 26 décembre 1870.

» *A M. le rédacteur en chef de* L'INDÉPENDANCE.

» Rêver une restauration impériale après les hontes de Sedan et de Metz est une idée monstrueuse qui n'a pu être conçue que par des êtres aussi complétement dénués de sens moral que Louis-Napoléon Bonaparte et ses agents.

» Nous ne serons pas complices d'une pareille infamie.

» Que le rédacteur en chef du *Drapeau* le sache bien ! Nous n'éprouvons pour son journal que mépris et dégoût.

» Nous admirons, au contraire, le gouvernement de la défense nationale ; nous applaudissons à ses nobles efforts pour chasser l'étranger. Hélas ! que ne pouvons-nous lui offrir nos bras et nos existences !

» A. TAFFIN, lt.-col. d'ét.-maj.

» BOURGEOIS, chef d'esc. d'ét.-maj. »

MERSELBURG.

« Merselburg, 11 décembre 1870.

» *A M. le rédacteur en chef de* L'INDÉPENDANCE.

» En face des menées qui cherchent à entraîner hors de son devoir l'armée prisonnière, les officiers soussignés ne croient plus pouvoir garder le silence.

» Ils vous prient donc de vouloir bien insérer leur protestation et leur déclaration de ne prêter leur concours qu'au gouvernement qui sera librement accepté par la nation française. »

V. Krool, comm. au 3e tirailleurs.

Tivollier, comm. au 6e chass. à pied.

De Saint-Ferjeux, comm. au 6e ch. à cheval.

Dreuil, comm. adj.-maj. au 3e tir.

Woroniez de Pawenza, comm. au 3e tirailleurs.

Cramparet, comm. au 6e chasseurs.

H. Berthaut, s.-lt. d'état-major.

Frontagny, lt. au 6e chasseurs.

De Moneric, lt. au 6e chasseurs.

Ségal, comm. au 8e de ligne.

Briatte, comm. au 1er bat. de chass. à pied.

Gaspard, comm. au 1er bat. de chass. à pied.

Gillon, comm. au 8e de ligne.

Delouis, comm. au 6e bat. de chass. à pied.

Doumens, comm. adj-maj. au 6e bat. de chasseurs à pied.

Gucylat, comm. au 6e bat. de chass. à pied.

G. Dumont, lt. au 3e zouaves.

L. Mas-Mézéran, comm. au 3e tir.

E. Sauvage, comm. au 3e tirailleurs.

Rivaud de la Raffinière, s.-lt. au 6e chasseurs à cheval.

E. Gelinet, s.-lt. au 6e chasseurs à cheval.

Troublé, lt., 33e de ligne.

C. Pottier, comm. au 6e bat. de chasseurs à pied.

Puech, comm. au 6e bat. de chasseurs à pied.

Carré, comm. au 6e rég. de chass. à cheval.

E. Allut, s.-lt. au 6e chass. à chev.

Hémère, comm. au 3e zouaves.

J. Poutot, lt. au 6e chasseurs.

Mesnil, lt. au 30e de ligne.

Chalert, lt. au 6e chasseurs à chev.

Grave, lt. au 24e de ligne.

Gorsse, lt. au 24e de ligne.

Bergond, s.-lt. au 24e de ligne.

Bastide, s.-lt. au 24e de ligne.

Rouan, s.-lt. au 24e de ligne.

Rouvillain, s.-lt. au 24e de ligne.

Decas, cap. au 24e de ligne.

G. Lalanne des Camps, cap. au 3e tirailleurs.

A. Illaire, lt. au 8e de ligne.

L. *Jousselin*, lt. au 8e de ligne.
E. *Cruzel*, lt. au 56e de ligne.
E. *Muller*, cap. au 56e de ligne.
P. *Fournials*, lt. au 8e de ligne.
Peuchot, s.-lt. au 36e de ligne.
Hüe, lt. au 37e de ligne.
De Raime, lt. au 37e de ligne.
Cambroche, lt. au 56e de ligne.
Dubois, s.-lt. au 37e de ligne.
Marchand, lt. au 1er bat. de chass.
Lactairi, s.-lt. au 56e de ligne.
Burtet, s.-lt. au 74e de ligne.

De la Grandière, s.-lt. au 23e de lig.
Guy, s.-lt. au 19e dragons.
Chaussard, s.-lt. au 19e dragons.
Fontvielle, s.-lt. au 19e dragons.
Colin, s.-lt. au 1er bat. de chasseurs à pied.
Santi, s.-lt. au 1er bat. de chasseurs à pied.
Eugène Thomas, s.-lt. au 8e de lig.
Wissant, cap. au 3e tirailleurs.
Ducoroy, cap. au 3e tirailleurs.

MULHOFEN.

« Mulhofen, près Benford, 12 décembre 1870.

» *A M. le rédacteur en chef de* L'INDÉPENDANCE.

» Les soussignés, officiers français, prisonniers de guerre en Allemagne, refusent de prêter leur concours à tout mouvement politique ayant pour but d'imposer à notre patrie un gouvernement autre que celui choisi par la volonté nationale. Nous avons l'honneur de vous prier de vouloir bien insérer cette protestation.

» Agréez, monsieur le rédacteur en chef, etc. »

V. *Cortegianni*, cap. au 95e de lig.
A. *Lavergne*, lt. au 95e de ligne.

Mathieu, s.-lt. ou 95e de ligne.

MUNSTER.

« Munster, 15 décembre 1870.

» Nous vous prions de vouloir bien ajouter nos noms à ceux des officiers français qui *protestent contre toute idée de restauration bonapartiste.*

» Tous nos vœux sont pour le gouvernement de la défense nationale, et notre seul regret est de ne pouvoir nous joindre à ceux qui combattent. »

Granet, De Lacroix, Ducros, Jolly, Seelveger, Rolland, lts. au 6e bat. de chass. à pied.
Hagron, cap. d'état-m.
Rollet, lt. d'état-m.

Besson, lt. d'état-m.
Canale, c. de b. 2e tirailleurs.
Malpel, lt. 8e bat. de chass. à pied.
Klein, cap. du génie.
Baudson, s.-lt. au 6e bat. de chass.

Bagnères, s.-lt. aux chass. à pied de l'ex-garde.

Comte V. d'Autume, s.-lt., 3e drag.

D'Archambault, lt., 63e de ligne.

Lelorrain, c. de batterie du génie.

L. Merens, s.-lt., 6e bat. de chas. à pied.

Maffre du Bourquet, cap., 33e de lig.

Paul Doyen, cap., garde mob.

Bourdon, c. de bat., 2e tirailleurs.

R. Donop, cap. d'état-m.

Canu, vétérinaire 2e chass. d'Afrique.

Bertrand, c. de bat., 2e tirailleurs.

Bouchet, L. Nief. Jeannin, Chamberland, lts., 33e ligne.

A. Ferbu, cap. 90e de ligne.

Flavigny, lt., 90e de ligne.

Barret, s.-lt., 30e de ligne.

Vaillant, cap., 19e de ligne.

Antomarchi, cap., 19e de ligne.

Clère, s.-lt., 84e de ligne.

Combelle, cap., 41e de ligne.

Quarante, c. de bat. 41e de ligne.

L. Voisson, s.-lt., 2e grenadiers.

« Munster, 23 décembre 1870.

. . . .

» Au moment où notre chère patrie fait l'admiration du monde entier par son énergique résistance, il ne faut pas que nos frères qui combattent puissent nous soupçonner de faire cause commune avec les ambitieux qui voudraient rétablir leur pouvoir sur les ruines de la France. »

. . . .

. . . .

Valter, lt., 43e de ligne.

Portet, lt., 43e de ligne.

Laferrière, s.-lt., 43e de ligne.

Schlub, s.-lt., 43e de ligne.

« Munster, 27 février 1871.

» Monsieur le rédacteur en chef du *Drapeau*,

» Nous sommes fort étonnés de lire dans votre numéro du 26 février une lettre signée : *Les officiers français prisonniers à Munster.*

» Nous ne voulons engager de polémique ni avec vous ni avec votre correspondant.

» Nous ne reconnaissons à personne le droit de parler en notre nom, et nous prions ceux qui se servent de votre journal pour y publier leurs réflexions de vouloir bien les signer.

» Nous comptons sur la publicité que nous promet le dernier paragraphe de la lettre en question. »

Le Lorrain, commandant du génie.

Hagron, cap. d'état-m.

Roland, lt., 6e bat. de chasseurs.

Klein, cap. du génie.

Percin, lt., chasseurs.

Lacroix (H. de), lt., 6e bat. chass.

Autume Comte V, D'), s.-lt. 3e drag.

Grasset, lt., 6e bat., chass.

Bertrand, c. de bat., 2e tirailleurs.

Bourrier, s.-lt., 30e de ligne.

Reynaud, cap. lanciers.

Rigail, c. de bat., 25e infanterie.

Quarante, c. de bat., 41e infanterie.
Bertignon, s.-lt., 2e chass. d'Afrique.
Bouchet, lt., 33e de ligne.
Flavigny, lt., 90e de ligne.
Ferbu (A.), cap., 90e de ligne.
Coetgourden (de), lt., voltigeurs.
Hulin, cap. état-m.
Cailleteau (K.), s.-lt, garde mob.
Desmarest, lt., 23e de ligne.
Morlot, cap., 41e de ligne.
Antomarchi, cap., 19e de ligne.
Chapard, cap., 65e de ligne.
Calvet, lt., 65e de ligne.
Cecconi, s.-lt., 4e voltigeurs.
Archambeau, lt., 2e grenadiers.
Boizeaud, s.-lt., 2e grenadiers.
Hautefort (D'), lt.-col., 10e chass.
Pfeiffer, c. d'esc. artillerie.
Noirot, c. de bataillon.
Chardot, lt.-col.
Bourdon, c. de bat., au 2e tir.
Petit (E.), c. escadron artillerie.
Normand, comm., 4e cuirassiers.
Canale, c. de bat., 2e tirailleurs.
Chamberland, s.-lt., 33e infanterie.
Combette (A.), cap., 41e infanterie.
Flahaut, s.-lt., 3e chasseurs.
Canu, vét. 2e chass. d'Afrique.
Rubin, cap., 65e de ligne
Dublineau, lt., 41e de ligne.
Bunoust, s.-lt., 2e tirailleurs.
Besson, lt. d'état-m.

Clerc, s.-lt,, 84e de ligne.
Rouillès, cap. inst. 4e cuirassiers.
Durand, lt., 53e de ligne.
Maffré du Bousquet, cap., 33e de lig.
Nief (L.), s.-lt., 33e de ligne.
Richemont (F. de), s.-lt.
Terrail (L du), cap., 7e hussards.
Malpel, (A.), lt., 8e bataillon chass.
Barrette, s.-lt., 30e de ligne.
Jolly (A.), s.-lt., 6e bat. chass. pied.
Baudson, s.-lt., 6e bat. chass., pied.
Ducros, lt., 6e bat., de chass. pied.
Archambault (D'), lt., 63e de ligne.
Seelweger, s.-lt., 6e bat. chass. pied.
Merens, s.-lt., 6e bat. chass. pied.
Bulleux, cap. 10e dragons.
Vigarous, lt., 2e voltigeurs.
Loquet, s.-lt.. 2e voltigeurs.
Mignucci, s.-lt., 4e voltigeurs.
Morand, cap., 41e de ligne.
Bagnéres, s.-lt., chass. pied.
Rossel, lt. d'état-m.
Rollet, c6p. d'état-m.
Donop, cap. d'état-m.
Vossion (L.), s.-lt., 2e grenadiers.
Veuillot, lt., 3e grenadiers.
Aly, s.-lt., 72e de ligne.
Barrois, cap., 4e voltigeurs.
Déliot, lt., 3e grenadiers.
Chollet, lt., 4e voltigeurs.
Doyen (P.), cap., gardes mobiles.

NEUBOURG.

« Neubourg, 21 décembre 1870.

» Il n'appartenait qu'à ceux qui ont compromis les intérêts et jusqu'à l'honneur de la France de concevoir le projet de faire servir l'armée à leurs machinations politiques.

» Les officiers français soussignés, prisonniers de guerre à Neubourg, protestent de toute l'énergie de leur conscience révoltée contre cette injure faite à leur honneur et à leur patriotisme. »

Tinard, cap., 56e de ligne.
Le Dentu, s.-lt., 2e infant. de marine.
Sériot, lt., 3e infanterie de marine.
Bourchet, cap., 3e infant. de marine.
Albert Mathieu, lt., 47e de ligne.
F. Martenet, lt., 1er bat. de chass.
Delaury, cap., 2e infanterie de mar.
Jouenne, cap., 1er infanterie de mar.

L. Marchesseau, cap., 1er infant. de marine.
Douville, lt., 6e de lanciers.
E. Chatelair, s.-lt., 1er inf. de mar.
G. Aubert, cap., 1er inf. de mar.
H. Deminier, s.-lt., 36e de ligne.
P. Signol, lt., 4e inf. de marine.
Picard, cap., 4e inf. de marine.

NEUSS.

« Neuss, 22 décembre 1870.

» Les soussignés protestent formellement contre toute idée de restauration s'appuyant sur l'armée. Ceux qui ont mis ces idées en avant se trompent étrangement s'ils croient que les victimes des hontes de Sedan et de Metz se prêteront à ces machinations. »

. . . .

Brillouin, s.-lt. aux carabiniers de l'ex-garde.
Burtin, s.-lt. aux carabiniers de l'ex-garde.
Sary, s.-lt. aux carab. de l'ex-garde.
Bera, s.-lt. aux carab. de l'ex-garde.
Maldidier, s.-lt. aux carab. de l'ex-garde.
Gley, officier d'administration.
Lebreton, lt., 3e de chasseurs.
Cavarrot, lt., 3e de chasseurs.
Decrox, lt., 3e de chasseurs.
Bailleul, s.-lt., 3e de chasseurs.
Schoepf, s.-lt., au 3e de chasseurs.
Marchand, cap., 2e chass. d'Afrique.
Plantier, lt., 2e de chasseurs.
De Chabot, s.-lt., 2e chass. d'Afrique.
Claverie, s.-lt., 2e chass. d'Afrique.

Villaume, s.-lt. 2e chass. d'Afrique.
Masson, s.-lt., 3e chasseurs.
Eckendorff, cap. du génie.
Béghin, cap. du génie.
Prangé, cap. du génie.
Royer, lt. du génie.
Andry, s.-lt. du génie.
Ledermann, offic. d'administration.
Barrier, offic. d'administration.
Florent, offic. d'administration.
Parrot, offic. d'administration.
Bouffard, officier d'administration.
Bré, officier d'administration.
Vessely, officier d'administration.
Roussel, officier d'administration.
Dusau, officier d'administration.
Borne, officier d'administration.
Bourcier, officier d'administration

NEUSTADT-EBERSVALD.

« Neustadt-Ebersvald, 12 décembre 1870.

» A M. le rédacteur en chef de L'INDÉPENDANCE.

» Nous venons de lire dans votre journal les protestations de plusieurs de nos camarades contre les calomnies du journal *le Drapeau*, et contre le projet d'une restauration bonapartiste avec l'aide de l'armée française prisonnière en Allemagne.

» Nous nous associons complétement à ces protestations et nous vous prions de vouloir bien y joindre nos noms.

» Veuillez agréer, monsieur le rédacteur en chef, etc. »

Camus Constant, cap. au 23e de ligne.
Gasquet Elie, cap. au 23e de ligne.
Hoquiné, cap. au 23e de ligne.
Malmontet Albin, lt. au 23e de ligne.
Gasquet Eugène, lt. au 23e de ligne.
Singuerlin, lt. au 23e de ligne.
Biau, lt. au 23e de ligne.
Le Maistre, s.-lt. au 23e de ligne.
Leguidecoq, s.-lt. au 23e de ligne.
Dubrey, s.-lt. au 23e de ligne.
Dupré, cap., command. la 9e batt. du 5e régiment d'artillerie.
Rossini, cap. au 5e rég. d'artillerie.
Zimmermann, lt. au 4e régim. d'art.
Dubosc, lt. au 4e régiment d'artill.
P. D'Andrée, lt. au 3e rég. de lanc.
Filippi, s.-lt. au 67e régim. de ligne.
Corbé, s.-lt. au 97e régim de ligne.
Grosse, s.-lt. au 97e régim. de ligne.

Olivier, lt. au 97e régim. de ligne.
Olive, s.-lt. au 63e régim. de ligne.
Gronnier, officier au 5e de chasseurs.
Fremiet, officier au 5e de chasseurs.
Piedanna, cap. adj.-major au 76e régiment de ligne.
Nerdene, lt. au 77e régim. de ligne.
Potier, s.-lt. au 77e de ligne.
Balme, cap. au 84e de ligne.
Michelin, lt. au 5e chass. à cheval.
De Baudreuil, cap. d'artillerie.
Magnière, cap. au 77e de ligne.
Crémadells, s.-lt. au 12e bataill. de chasseurs à pied.
Crémadells, s.-lt. au 20e bataill. de chasseurs à pieds.
Perret, s.-lt. au 76e de ligne.
Crémadelle, s.-lt. au 10e bataillon de chasseurs à pied.

NEUWIED.

« Neuwied, 7 décembre 1870.

» *A M. le rédacteur en chef de* L'INDÉPENDANCE.

» Les officiers français soussignés, prisonniers de guerre à Neuwied, protestent d'avance et de la manière la plus formelle contre toute tentative qui aurait pour but d'entraver la défense nationale et d'établir en France, avec l'appui de l'armée française actuellement prisonnière en Allemagne, un gouvernement qui n'aurait pas l'assentiment du pays. »

Masselin, c. de b. du génie.
H. Leroy, officier du génie.
Petit, officier du génie.
Boissonnet, officier du génie.
H. Chenevière, officier du génie.
Gruizard, c. d'esc. d'ét.-m.
Grimaut, cap. d'artillerie.
Stufuy (?), cap. d'artillerie.

Plasanet, lt. d'ét.-m.
Romain-Desfossés, offic. d'adm. de la marine.
Catel, cap. au 3e chasseurs.
Laffon, lt. au 3e chasseurs.
Cabley, s.-lt. au 54e de ligne.
A. Sigwart, s.-lt.
Vrepelle, s.-lt. au 54e de ligne.

Bobet, lt.

Dolard, officier.

Maigne, c. d'esc. d'artillerie.

Cotineau, cap. au 4e de ligne.

Durquine, officier.

Simon, officier.

Pingêve, officier.

Bergantes, cap. au 3e chasseurs.

Lebrun, c. d'esc. au 3e chasseurs.

Deluc, offic. d'administration.

Normandie, s.-lt. au 3e chasseurs.

Charlachac, cap. d'artillerie.

Salva, officier.

L. du Clupet, officier.

A. Peillin, officier.

Galiard, cap. d'ét.m.

Lesueur, cap. au 51e de ligne.

Ailles, offic. au 8e chasseurs d'Afrique.

Leroy, cap. au 59e de ligne.

De la Lourme, c. de b.

Caillet, c. de b.

Delon, cap. d'artillerie.

A. Campion, officier.

Hirt, cap.

Un capitaine du 51e de ligne, illisible.

A. Delaveau, commandant le 18e bat. de chasseurs à pied.

R. Binet, offic. d'administration.

A. Morliéres, cap. d'artillerie.

A. Legrand, s.-lt. au 60e rég. de ligne.

De Maistre, lt. d'artillerie.

De la Brousse, lt. d'ét.-m.

De Boussigue, lt. d'ét.-m.

Josseran, c. d'esc. au 7e rég. de dragons.

De Maistre, s.-lt. au 7e hussards.

Favères, cap. d'artillerie.

Bresson, c. d'esc. au 7e rég. de dragons.

De Labrousse, lt.-col. au 7e rég. de dragons.

Couturier, c. d'esc. d'artillerie.

Thiriot, s.-lt. au 3e chasseurs.

Regnault, cap. d'artillerie.

Vasse, col. d'artillerie.

Meunier, s.-lt. d'artillerie.

De la Chaussée, cap. d'infanterie.

Aubar, cap. d'artillerie.

Delauze, cap. aux chasseurs.

Demogue, lt. au 4e de ligne.

G. Vercaussin, s.-lt. d'ét.-m.

D. Scolière, lt. au 78e de ligne.

Duhaion, s.-lt. au 78e de ligne.

Herlé, c. de b. au 51e de ligne.

Trasseltn, c. de b. au 19e de ligne.

Delbecque, col. du 51e de ligne.

J. Breart, col. du 19e de ligne.

A. Vaney, s.-lt. au 51e de ligne.

A. Audouy, s.-lt. au 1er rég. de volt. de la garde.

Dulanroy, lt. au 93e de ligne.

L. Oppiges. lt au 1er volt. de la garde.

Belladen, cap. adj.-m. au 3e de ligne.

Lefaure, cap. d'artillerie.

Van Veen, lt. au 1er dragons.

Sigault, cap. au 59e de ligne.

Laroque, cap. au 44e rég. de ligne.

Beuillart, lt. au 1er dragons.

Huler, cap. au 13e d'artillerie.

Daguet, cap. au 9e dragons.

Martin, cap. d'ét.-m.

Keller, s.-lt. au 60e d'artillerie.

Poupint, lt. au 69e de ligne.

Quivy de Lélange, cap. au 69e de ligne.

Amos, lt.-col. au 19e de ligne.

Médier, c. de b. au 8e de ligne.

De Moudesin, c. d'esc. d'artillerie.

E. Michel, c. de b.

Ture, c. de b.

Cahen, s.-lt. au 13e d'artillerie.

Buhot-Launay, officier.

Roulier, s.-lt. au 4e.

Legrand, voltigeur.

Courte, s.-lt.

Viersin, officier.

Veyrie, cap. au 24e de ligne, prisonnier de guerre à Neustadt.

D'Assézat, lt. au 10e chass. à cheval.

A. d'Assailly, s.-lt. au 1er hussards (1).

(1) Cette liste renferme un assez grand nombre de signatures dont a lecture est tellement difficile que plusieurs noms sont forcément mal orthographiés. (Note de *l'Indépendance belge*.)

OBER-LAHNSTEIN.

« Ober-Lahnstein, 12 décembre 1870.

> *A M. le rédacteur en chef de* L'INDÉPENDANCE.

« L'homme de Sedan veut revenir sur le trône de France ;
» le héros de Metz a livré son armée à la Prusse dans le
» but d'aider à cette restauration : des agents bonapartistes
» que la politique prussienne encourage sont prêts à favo-
» riser cette rentrée de Napoléon III, et l'armée française
» prisonnière de guerre en Allemagne viendrait l'appuyer
» de ses baïonnettes. »

» Telles sont les insinuations qui circulent en France, à
cette heure, et qui viennent nous trouver jusqu'ici.

» D'où émanent-elles ? On le devine aisément.

» Aux hommes sensés vraiment Français et qui connais-
sent l'armée française, nous n'avons rien à répondre ; car,
pour eux, répondre à ces insinuations injurieuses, serait
faire supposer qu'elles peuvent nous trouver accessibles.

» Mais aux esprits crédules, faibles ou malintentionnés,
aux hommes qui peuvent douter des sentiments de l'armée
française, nous dirons ceci :

» Au nom de cette armée française que la trahison ou le
malheur ont faite prisonnière de guerre, pour son honneur
qu'elle veut garder intact, nous, officiers français internés
à Ober-Lahnstein (Nassau), nous protestons de toutes les
forces de notre âme contre des insinuations aussi mon-
strueuses ; nous nous levons tous pour nier la part que l'on
veut nous faire prendre dans cette infâme comédie et nous
*jurons sur nos épées encore pures que nos bras sont à la Répu-
blique* et que nos cœurs sont à la patrie, et que jamais, non
jamais, nous ne partagerons avec les illustres auteurs de nos
revers le pain de la trahison, et nous crions d'une voix
unanime avec nos frères qui sont devant l'ennemi :

» Vive la France ! Vive la République ! »

Didot, cap. au 18e rég. de ligne.
Manot, lt. au 18e rég. de ligne.
L. Baloche, lt. au 18e rég. de ligne.
Kauch, lt. d'artillerie.
J. Renaud, lt. d'artillerie.
Commetta, s.-lt. au 18e de ligne.
Allégrie, s.-lt. au 18e de ligne.
Bocquet, lt. au 18e de ligne.
G. Leroy, lt. au 18e de ligne.
Dornière, s.-lt., au 60e de ligne.
J. Bonragarde, lt., au 60e de ligne.
Savy, cap., au 18e de ligne.
Bereau, s.-lt. au 18e de ligne.
Luya, cap., au 18e de ligne.
Coussaud-Dullié, s.-lt., au 18e de l.
Gillet, lt., au 18e de ligne.

RASTADT.

« Rastadt, 10 décembre 1870.

» *A M. le rédacteur en chef de* L'INDÉPENDANCE.

» Les officiers soussignés, prisonniers de guerre à Rastadt, croient de leur devoir de protester avec leurs camarades contre certaines insinuations relatives à la possibilité
d'une restauration bonapartiste qui s'appuierait sur l'armée. »

. . . .

Denis Laroque, cap. d'artillerie.
Denos, cap. d'artillerie.
Geng, cap. d'artillerie.
Wattelin, comm. de recrutement.
Quillet, c. d'esc. d'artillerie.
Bauer, lt. de vaisseau.
Barthe, s.-lt. au 18ᵉ de ligne.
Rivette, cap. au 28ᵉ de ligne.
Perrin, s.-lt. au 87ᵉ de ligne.
Dubux, lt. au 87ᵉ de ligne.
Léothaud, lt. au 87ᵉ de ligne.
Laoudal, lt. au 87ᵉ de ligne.
Garnier, lt. au 87ᵉ de ligne.
Paillon, s.-lt. au 89ᵉ de ligne.
Pietri, s.-lt. au 89ᵉ de ligne.
Lallement, lt. au 73ᵉ de ligne.
Mallol, lt. de la garde mobile.

Henri Noir, offic. de volontaires.
Henry, comm. au 57ᵉ de ligne.
Henriet, s.-lt. au 87ᵉ de ligne.
Vermentin, s.-lt. au 87ᵉ de ligne.
Soret, lt. au 87ᵉ de ligne.
Elickingerie, s.-lt. de gendarmerie.
Toussaint, s.-lt. de la mobile.
Moser, lt. au 56ᵉ de ligne.
Canet, s.-lt. au 87ᵉ de ligne.
Rebel, lt. au 99ᵉ de ligne.
Lévêque, s.-lt. au 87ᵉ de ligne.
Berger, s.-lt. de la garde mob. du
Bas-Rhin.
Guilhamin, lt.-col.
Tillié, chef de musique.
Jeoffroy, lt. au 87ᵉ de ligne.

N. B. — Dans cette liste, qui contient 38 signatures, il s'en trouve six
absolument illisibles.

« Rastadt, 10 décembre 1870.

» *A M. le rédacteur en chef de* L'INDÉPENDANCE.

» Les officiers, dont les noms suivent, vous prient de vouloir bien insérer dans votre journal la protestation suivante,
dont copie authentique est envoyée au journal *le Drapeau* :
» Les officiers français soussignés, prisonniers à Rastadt,
» prient M. le rédacteur en chef du *Drapeau* de cesser de
» leur envoyer ce journal. Quelle que soit leur opinion sur
» l'origine des calamités qui accablent leur pays, toutes
» leurs sympathies sont pour les hommes qui, sans reculer
» devant aucun sacrifice, poursuivent inflexiblement la
» défense du territoire.

» Ils n'ont que du mépris pour ceux qui cherchent à
» troubler ces patriotiques efforts.

» Agréez, monsieur le rédacteur en chef, etc. »

Bergane du Petit-Thouars, cap. de vaisseau.
Hugot, chef de bat. au 87ᵉ rég. de ligne.
Herry, cap. au 87ᵉ rég. de ligne.
Lafon, cap. au 87ᵉ de ligne.
De Coatgoureden, cap. au 87ᵉ de lig.

E. Joly, cap. au 87ᵉ de ligne.
L. Moreau, cap. de chass. à pied.
Dreyfus, lt. d'art. de la garde mob. du Bas-Rhin.
R. Humann, lt. de la garde mobile attaché à la marine.

SOEST.

« Soëst (Wesphalie), 13 décembre 1870.

. . . .

» Nous tenons à faire savoir à notre chère France que
ces vaincus, qui n'ont été livrés que par la honteuse capitulation de Metz, n'auront jamais d'autres aspirations que
leurs frères de la nouvelle armée.

» Nous répudions énergiquement la folle idée de prêter
notre épée à toute tentatie politique en dehors de la nation. »

. . . .

Roger, c., 4ᵉ voltigeurs de l'ex-garde.
Vauvion, s.-lt., 4ᵉ voltigeurs de l'ex-garde.
Martin, s.-lt., 4ᵉ voltigeurs de l'ex-garde.
Linkens, s.-lt., 4ᵉ voltigeurs de l'ex-garde.
E. de Sambœuf, s.-lt., 4ᵉ voltigeurs de l'ex-garde.
Macart, lt., 4ᵉ voltigeurs.

Pierrat, s.-lt., zouaves de la garde.
Doyelle, s.-lt., aux lanciers de la garde.
B. Tassot, s.-lt. aux lanciers de la garde.
Coulange, c., zouaves de la garde.
Colle, c., zouaves de la garde.
Gnayraud, s.-lt., zouaves de la garde.
Corberon, s.-lt., zouaves de la garde.
Domerc,, lt., zouaves de la garde.

THORN.

« Thorn, 11 décembre 1870.

» *A M. le rédacteur en chef de* L'INDÉPENDANCE.

» Faisant toutes réserves à l'endroit de leurs opinions
politiques personnelles, les officiers français prisonniers à

Thorn repoussent avec indignation les théories du *Drapeau*, sa polémique antifrançaise et la prétention qu'il affiche de nous rallier à sa cause. »

H. *Décugis*, c. du génie.
A. *Clerget-Vaucouleur*, lt. 4ᵉ d'artillerie.
A. *Peyron*, c. de dragons.
De *Varreux*, c., 74ᵉ de ligne.
Feuillot,, c., 3ᵉ de ligne.
L. *Prugault*, offic. d'administration.
Gradoux, c., 3ᵉ de ligne.

Niot, lt., 13ᵉ b. chass. à pied.
E. *Vasseur*, c., 30ᵉ de ligne.
A. *Foucou*, s.-lt., 36ᵉ de ligne.
L. *Durand de Villers*, c. du génie.
Leroy, s.-lt., 94ᵉ de ligne.
C. *Lerionnes*, lt., 23ᵉ de ligne.
Huerre, c., 60ᵉ de ligne.
Boute, lt., 1ᵉʳ zouaves.

ULM.

« Ulm, 8 décembre 1870.

» *A M. le rédacteur en chef du* DRAPEAU.

» Monsieur, voici le deuxième numéro du *Drapeau* que vous m'adressez sans que j'aie jamais sollicité de vous cette gracieuseté. Je vous supplie de vous dispenser à l'avenir de m'envoyer cette feuille. Mes convictions sont faites à l'égard des personnages qui sont cause des désastres de notre malheureuse patrie. Vos articles, très-désintéressés, je le crois, si éloquents qu'ils puissent être, ne changeront rien à mon opinion. J'ajoute que j'ai la plus grande admiration pour ceux qui, dans les tristes et bien difficiles circonstances actuelles, font des prodiges de dévouement et de patriotisme pour sauver la France et l'intégrité de son territoire.

» Je n'ai pas la prétention, obscur comme je le suis, de parler autrement qu'en mon nom, mais heureusement j'ai la consolation de voir que la très-grande majorité des prisonniers français partagent mes opinions.

» C.-G. PARIS, c. de b., prisonnier de guerre. »

WIESBADEN.

« Wiesbaden, 10 décembre 1870.

» *A M. le rédacteur en chef de* L'INDÉPENDANCE.

» Les bruits d'une restauration impériale par le concours

de l'armée prisonnière en Allemagne étant, par leur per-
sistance, de nature à tromper l'opinion publique et à jeter
le doute et la défiance parmi ceux qui — plus heureux que
nous — peuvent encore combattre pour la patrie,

» Nous soussignés, officiers au 84e, prisonniers de guerre
à Wiesbaden, déclarons repousser toute idée de participation
à ces odieuses manœuvres et protester de la manière la plus
formelle — pour le présent et pour l'avenir — contre toute
tentative qui aurait pour but d'imposer, contre la volonté
nationale, un gouvernement à la France.

» Nous vous prions, monsieur le rédacteur en chef, de
vouloir bien donner place dans vos colonnes à cette protestation et d'agréer, etc. »

L. *Colavier*, *d'Alhici*, col. au 84e de ligne.
Grillet, c. de b. au 84e de ligne.
Senneval de Laforest, c. de b. au 84e de ligne.

Guilleman, cap. au 84e de ligne.
A. *de Lavaley*, cap. au 84e de ligne.
Poncelet, c. de b., 84e de ligne.
Delucq, de Neymet, c. adj.-m., 84e de ligne.

PROTESTATIONS

ET

ADHÉSIONS INDIVIDUELLES

——————

On conçoit qu'à côté des protestations collectives que nous avons reçues, à côté de ces listes revêtues d'un si grand nombre de signatures, il nous soit difficile et même impossible de publier toutes les protestations isolées qui nous sont adressées de différents côtés. Dans la plupart de ces lettres, comme dans les protestations collectives, la réprobation de la politique du *Drapeau* se confond avec la répudiation de toute participation à la restauration de l'empire. Parmi les prisonniers français qui nous écrivent, il en est beaucoup qui emploient des termes d'une extrême énergie pour flétrir ce qu'ils considèrent — nous prenons les expressions les plus modérées — comme « une infamie et une monstruosité. » Il en est d'autres, dont le style est plus froid, mais dont la pensée n'est pas moins nette ; d'autres, enfin, qui se bornent à exprimer très-simplement et très-brièvement leur mépris et leur indignation. Toutes ces lettres témoignent du profond respect, de la vive admiration qu'inspirent aux officiers internés les héroïques efforts de la France.

Il nous faut renoncer, bien malgré nous, à donner même des échantillons de ces lettres très-nombreuses dont nous venons d'indiquer l'esprit. Il nous faut nous borner à en publier les signatures. Nos lecteurs peuvent les rattacher aux protestations que nous avons déjà publiées, car si la forme diffère, le sentiment est un.

Voici donc les signatures qui se trouvent au bas de ces protestations individuelles contre la politique du *Drapeau* et la restauration bonapartiste : (1)

———

(1) Note de l'*Indépendance belge.*

P. Carrelet, col. du 2e hussards, au nom des officiers de son régiment.

A. Taffin, lt.-col. d'ét.-maj., Mayence.

H. Bergé, lt.-col. d'art., Hambourg.

J. Chapuis, c. d'esc. d'art., Coblence.

Dorlodot des Essarts, c. d'esc. d'artillerie de l'ex-garde impériale, Bochum.

C. Collangettes, c. d'esc. d'artillerie, Hambourg.

Collin, c. de b., 71e de lig., Rhense.

Ch. Piquemal, c. d'esc. d'artillerie de la garde mobile de la Moselle.

Starck, c. de b. en retraite, comm. le 5e bat. de la garde mobile du Bas-Rhin, Wissembourg.

Caillard, cap. adj.-maj., 37e de lig., Breslau.

A. Labordère, cap. adj.-maj., 56e de ligne, Neisse.

A. Gigot, cap. adj.-maj., 74e de lig., Wissembourg.

G. Dietrich, cap., 73e de ligne, Hambourg.

C. Lamarle, cap., 80e de lig., Dantzig.

Boyer, cap., 7e de ligne, Erfurt.

E. Conty, cap., 28e de ligne, Erfurt.

E. Renault, cap., 79e de lig., Darmstadt.

Ed. Laroque, cap., 44e de ligne, Neuwied.

A. Deckherr, capit., 36e de ligne, Breslau.

C. Tournier, cap., 30e de lig., Magdebourg.

A. Blondeau, capit., 56e de ligne, Wiesbaden.

Merliot, capit., 36e de ligne, Halberstadt.

E. Chauffeur, cap., chasseurs à pied de la garde, Marburg.

De Sancy, cap., lanciers de la garde, Hambourg.

O. Hulin, cap. d'ét.-maj., Munster.

Huard de Verneuil, cap. d'ét.-maj., Munster.

E. Wagner, cap., génie, Vandrevange.

Lelonge, cap., 2e rég. tirailleurs algériens, Rhense.

Brunet, cap. d'artillerie, Hambourg.

De Sécillon, cap., 10e d'artillerie, Magdebourg.

C. de Pina, cap., 3e de chasseurs, Wiesbaden.

A. Peyron, cap., dragons, Torn.

Bollot, cap., de gendarmerie, Bonn.

Odollon-Bessière, cap. d'art., Neisse.

Bulleux, cap., 10e dragons, Munster.

A. Merle, cap., 72e de ligne, Magdebourg.

H. Grenier, cap. comm., 4e chass. d'Afrique, Erfurt.

G. Marinier, ex-cap. d'état-major, intendant-adjoint de 1re classe.

De Préval, lt., zouaves de la garde, Hambourg.

Martian, lt. d'artillerie de la garde, Bochum.

Borgnies-Desbordes, lt., artillerie, Hambourg.

Lennuyeux, lt., artillerie, Hambourg.

Schmith, lt., artillerie, Hambourg.

Christophe, lt., artillerie, Hambourg.

J. Willemain, lt., 7e de ligne, Coblence.

Lehmann, lt., 61e de ligne, Coblence.

J. Valère, lt., 2e tiraill., Mayence.

R. de Lartgouredin, lt., 3e voltigeurs, Munster.

E. Grimblot, lt., 2e spahis, Bonn.

H. Monteillet, lt., 74e de ligne, Wissembourg.

E. La Hon, lt., 6e bat. chasseurs à pied, Bonn.

Perrot, lt., 19e bat. chasseurs à pied, Bonn.

Archambaud, lt., 2e de grenadiers, Munster.

E. Prieur de Lacomble, lt., 45e de ligne, Magdebourg.

Ferriol, lt., 45e de ligne, Magdebourg.

Yves Hamon, s.-lt., zouaves de la garde, Hambourg.

H. Beamielle, s.-lt., porte-drapeau, 36e de ligne, Neisse.

Ad. Amorie, s.-lt., infanterie de marine, Magdebourg.

P. Thiercy, s.-lt., 9e dragons, Kœnigs-

J. Bessan, s.-lt., 19e bat. de chass. à pied, Bonn.

Rétaud, s.-lt., 45e de ligne, Magdebourg.

Cocquericus, s.-lt., porte-drapeau, voltigeurs, Bonn.

Vicomte de Reynaud, Neuwied.

Baron de Villeneuve, officier au 7e cuirassiers, Cottbus.

Quillet, offic. de cavallerie, Neustadt.
Quinet, officier, infanterie, Breslau.
A. Trémoulet, 1er bat. des corps fr. de Paris, Trèves.
E. Schwhard, 16e bat. des chasseurs à pied, Landshut.
Boyer, adjud. s.-officier, Giessen.

A.-E. Rœderer, cap. dans l'état-major des places, blessé et interné à Strasbourg.
Thuillard, lt. au 1er tiraill. algériens (Breslau).
Fernand Moschenros, offic. au 2e tirailleurs algériens.

A ces signatures d'officiers il faut joindre celle d'un publiciste qui s'est fait une réputation dans la presse parisienne, M. Robert Mitchell ; engagé volontaire dans l'armée française immédiatement après ses premières défaites, depuis officier dans la garde mobile et interné comme prisonnier de guerre à Neisse. L'extrait suivant d'une lettre qu'il adresse à un de ses amis indique quelle opinion a du *Drapeau* et de sa tendance M. Robert Mitchell, ancien rédacteur du *Constitutionnel :* (1)

« As-tu lu un indigne journal qui s'appelle le *Drapeau?*. Je ne comprends pas qu'un Français ose, dans un pareil moment, insulter ceux qui organisent et dirigent la défense nationale. Il faut être fou ou pis que cela, pour essayer de semer la division en France et de compliquer, par des luttes civiles, la situation déjà si douloureuse de notre malheureux pays.

» Je ne sais ce qu'espèrent les promoteurs de cette œuvre antipatriotique, mais pour ma part, entre un système qui a ruiné la France et ceux qui s'efforcent de la sauver, je n'hésite pas. 						ROBERT MITCHELL. »

(1) Note de l'*Indépendance belge.*

FIN.

TABLE DES MATIÈRES.

Paris. — Imprimerie de E. DONNAUD, rue Cassette, 9.

www.ingramcontent.com/pod-product-compliance
Lightning Source LLC
LaVergne TN
LVHW020950090426
835512LV00009B/1813